KODANSHA

SENSHO MÉTIER

講談社選書メチエ

Cahier Sauvage
カイエ・ソバージュ V

対称性人類学

中沢新一

はじめに　カイエ・ソバージュ（Cahier Sauvage）について

全部で五冊からなるCahier Sauvageのシリーズは、ここ数年の間におこなわれた講義の記録である。講義のおこなわれた場所は主に大学で、それを聞いているのはだいたいが大学の二・三年生、毎週木曜日の午後に「比較宗教論」の名前でおこなわれた。

講義の記録を本にするのは、今度がはじめてである。講演とはちがって、ひとつの主題をじっくり時間をかけて展開することができるし、文章を書くのとちがって、ここにはリアルタイムの批評家としての聞き手がある。聞き手との間の暗黙の駆け引き、関心を引き寄せるための演技。こうした心理的要素が、講義という形式に独特のケレン味を与えている。講義という形式をずいぶんと気に入っていることに、最近になって私は気付いた。

歩いているときや話をしながら同時に考えていることが多いので、せっかく浮かんだよいアイディアがそのまま消えてしまうこともしょっちゅうなのだが、これらの講義に限っては、熱心に記録を取っておいてくれる学生たちがいたおかげで、話されながら浮かんできた思考の飛沫は、幸いにして消滅をまぬかれることができた。あまり準備をしすぎると、よい講義はできない。インプロビゼーションの闊達さが消えてしまうからである。素材を選び、だいたいのコード進行を決め、語りだしのキーの高ささえ決めておけば、あとは主題が（うまくいけば）自動的に展開していってくれる。そういう信仰が揺らがなければ、その講義時間は幸福である。しかしひとたびそこに動揺が忍び込むときには、むなしさに淀んだ気持ちを抱えながら教場を後にすることになる。

この一連の講義によって、私は自分たちの生きているこの現代という時代の持つ過渡的な性格を、明らかにしてみようと努めた。私たちは科学革命という「第二次形而上学革命」(これはウエルベックが『素粒子』で使っている言い方だ)以後の世界を生きている。そしてその世界がようやく潜在的可能性の全貌を、遠からぬ将来あらわに示すであろうというさまざまな兆候が、現れ始めている。

この第二次の「形而上学革命」は奇妙な性格を持っていることを、レヴィ=ストロースがすでに明らかにしている。近現代の科学が駆使してきた思考の道具一式は、およそ一万年前にはじまった新石器革命の時期に、私たちもその子孫であるホモサピエンス・サピエンスの獲得した知的能力の中に、すでにすべてが用意されていたのである。技術や社会制度、神話や儀礼を通して表現されたその能力と根本的に異なるものを、私たちの科学はかつて一度もしめしたことがない。量子力学と分子生物学でさえ、三万年前のまだ旧石器を用いていた頃のホモサピエンス・サピエンスの脳に起こった革命的な変化が可能にした、その直接的な思考の果実なのである。

第一次の「形而上学革命」である一神教の成立がもたらした宗教は、新石器革命的な文明の大規模な否定や抑圧の上に成立している。その抑圧された「野生の思考」と呼ばれる思考の能力が、第二次の「形而上学革命」を通して、装いも根拠も新たに「科学」として復活をとげたのである。現代生活は、三万数千年前ヨーロッパの北方に広がる巨大な氷河群を前にして、サバイバルのために脳内ニューロンの接合様式を変化させることに成功した人類の獲得した潜在能力を、全面的に展開することとして出来上がってきたが、その革命の成果がほぼ出尽くしてしまうのではないか、という予感の広がりはじめているのが、今なのである。

私たちはこういう過渡的な時期を生きている。第三次の「形而上学革命」はまだ先のことだ。そういう時代を生きる知性に与えられた課題は、洗礼者ヨハネのように、魂におけるヨルダン川のほとりに立って、きたるべきその革命がどのような構造を持つことになるかを、できるだけ正確に見通しておくことであろう。宗教は科学(野生の思考と呼ばれる科学)を抑圧することによって、人類の精神に新しい地平を開いた。その宗教を否定して、今日の科学は地上のヘゲモニーを獲得した。そうなると、第三次の「形而上学革命」がどのような構造を持つものになるか、およその見通しを持つことができる。それは、今日の科学に限界づけをもたらしている諸条件(生命科学の機械論的凡庸さ、分子生物学と熱力学の結合の不十分さ、量子力学的世界観の生活と思考の全領野への拡がりを阻んでいる西欧型資本主義の影響力など)を否定して、一神教の開いた地平をまだ未知に属する新しい思考によって変革することによってもたらされるであろう。

そこでこの一連の講義では、旧石器人類の思考から一神教の成り立ちまで、「超越的なもの」について、およそ人類の考え得たことの全領域を踏破してみることをめざして、神話からはじまってグローバリズムの神学的構造にいたるまで、いたって野放図な足取りで思考が展開された。したがってこのシリーズは「野放図な思考の散策」という意味をこめて、こう名づけられている。もちろんそこには *La Pensée Sauvage*(『野生の思考』)という書物とそれを書いた人物への、私自身の変わらぬ敬愛と憧憬がこめられていることはたしかである。私は七十年代までに展開された二十世紀知性の達成に対する深い尊敬と愛を、今も変わることなく抱き続けていて、そのノスタルジーが私を過去につなぎとめている。

＊　＊　＊

『カイエ・ソバージュ』の最終巻をなすこの第五巻では、シリーズ全体の展開を導いてきた「対称性」の概念を、ひとつの公理系にまで発達させようという試みがおこなわれている。この対称性の概念は、ここ一・二年の私の講義の中心的なテーマとなってきたものだが、実を言うとそれは私の思考の中で長い熟成期間をへて、しだいにかたちづくられてきたものなのである。

対称性という考えが私の中で大きな意味を持ち始めたのは、博物学者南方熊楠の研究をおこなっていたときであった。『森のバロック』という書物に結晶することになったその研究において、私ははじめて自分の前にその魅力的な概念が、ゆったりと浮上してくるのを見届けたのだった。南方熊楠は生物学者として粘菌の研究に没頭し、人類学者としては神話的思考とたわむれ、自分の思想を統一するものとして華厳経の思想に依って立つことによって、森羅万象の理解にたどりつこうとした。

粘菌は植物とも動物ともつかない生物で、二つの領域を入ったり来たりして生活しているユニークな生物である。神話的思考の中では、通常の論理では分離されていなければいけないはずのものが、異質なものどうしをつなぐ深層の共通回路をつうじて、ひとつに結びあわされてしまっている。そして『華厳経』の中では、どんな小さな部分にも全体が映し出されるようにして、宇宙は壮大な全体運動をしているという思想が語り出されている。

熊楠が好んでいた研究対象が、どれも自然科学で言う「対称性」の概念に関わりを持っているということに、そのとき私は気づいたのだった。そういうものたちを相手にして思考を高速度で回転させていないと、自分の頭は発狂してしまうとまで、熊楠は語っていた。現代の精神医学は、そういう熊楠の思考のうちに、あきらかなスキゾフレニーの兆候を読みとっている。私自身が深い関心をもつそうした研究対象をつらぬいている特徴を、「対称性」という概念で統一的に理解することはできないだろうか。『森のバロック』を仕上げた後、私は人間の理解のためにその概念を深めていく可能性について、しきりと考えをめぐらすようになった。

それにはチベット仏教の体験も深い影響をおよぼしている。そこでは、人間の「心」の自然なあり方の追求がおこなわれていたが、言語的思考から解放された「心」は、それまで受けていた拘束をふりはらうかのように、高次元的な本性をあらわにする。そうして自由な活動をはじめた流動的な高次元知性としての「心」は、時間系列の秩序ですら解除してしまい、高度な対称性を維持したまま全体運動をおこなうようになる。ある意味では、南方熊楠の理想としていたような思考状態をつくりだそうとする探究が、チベット仏教の世界では千年以上ものあいだ、多くの人々によって続けられていたのである。

私は自分の思考がつかみとろうとしているものが、「対称性」の概念の新しい展開の中から浮上してくるにちがいないと予想していた。それはまだ茫洋とした直観のようなものにすぎなかったけれどフランスの社会学者ブリュノ・ラトゥールの著作『私たちはまだモダンではない』を知ったときに、一気に明確な形をとりはじめた。その本の副題には「対称性人類学の試み」とあった。この言葉を見て、私は自分の求めていたものの「名前」を知ったのである。ラトゥールはこの言葉をもって、近代科学の成立期におこった思考の変革の本質をとらえ、近代Modernの概念には再定義の必要があるのではないか、という大胆な提案をおこなっていた。彼が「対称性人類学」の名前でおこなおうとしていることは、私のめざしているものと大きな隔たりがあることはたしかだったが、この名前を知ったときに、自分の思考の中でなにか決定的なことがおこったということを、ここに書き記しておきたい。

さらに、対称性の概念をめぐる私の思考に拍車をかけたのが、9・11の事件だった。この事件をきっかけにして、私の思考は世界史の方向に向けられていったが、そのさいにするりと「圧倒的な非対称」という言葉がこぼれでたのである。私は神話的思考の本質を、対称性の概念によってとらえなおすことができるのではないかと考えた。このことは、レヴィ＝ストロースの神話論の中にときおり登場してくる考えであったが、彼自身はそれをひとつの主題として取り出してくることはしなかった。しかし、グローバル化の進行していく世界の本質をとらえる有力な概念として、「対称性」をひとつの主導原理にまで高めていくことの必要性を、私はその頃ひしひしと感じていたのである。

その当時、こうした思考にひとつだけ欠けているリンクがあるとしたら、それは対称性の思考とスキゾフレニーの関係という、私が南方熊楠の研究において最初に出会ったあの問題である。「対称性の思考」と私が呼んだものはあきらかに、フロイトやラカンによって深められてきた「無意識」という考え方と深いつながりを持っている。それならば、精神医学の領域の方からそれをあきらかにしてくれるような研究の出現が、私にはどうしても必要だったのである。それは偶然に私のもとに降りてきた。イグナシオ・マッテ・ブランコの研究『無限集合としての無意識——複論理《バイロジック》の試み』との出会いによって、私はそれまで発見できずにいた最後のリンクをみいだすことができたのである。

こうして長い準備期間をへて、対称性人類学の考えはしだいに明確なかたちをとるようになった。そこでシリーズをしめくくる今学期の講義では、対称性人類学の考えそのものを主題にすえて、それをできるだけ体系的に話してみようと試みた。もっとも学部学生にそのまま話しても、ちんぷんかんぷんな顔をされるだけだと思ったので、学部学生には彼らの興味を引きそうな具体的主題を選んで、おいしそうな要点だけを話することにした。そして、肝要な部分の本格的な展開は、大学院の講義を利用しておこなったのである。したがって、この第五巻はそうやっておこなわれた講義の記録をもとにして最終的に練り上げられた、「書かれた講義」としてのにおいの強いものとなっている。しかしじっさいにこの講義を聴講していた人が、もういちどこの本を読んでみれば、自分がその当時聞かされていた話の、一段と深い意味をよく理解できるようになるはずである。

対称性の考えによって、私は神話的思考の本質をあきらかにしようとすると同時に、「無意識」の働きに格別の価値を回復しようともしている。この点で、「野生の思考」をめぐる構造人類学の可能性を現代に取り戻そうとする私の思考は、ドゥルーズ＝ガタリの『アンチ・オイディプス』とまったく同じ土台に立っていると言える。対称性の論理で作動をおこなっている「無意識」は、欠けたところのない充実した流動的知性としての本質をもっている。いっぽうで認知考古学の研究は、現生人類《ホモサピエンス・サピエンス》としての私たちの「心」の形成を可能にしたのは、この流動的知性の発生にあったことをしめしている。つまり、「無意識」こそが現生人類としての私たちの「心」の本質をなすものであり、非対称性の原理によって作動する論理的能力は、この「無意識」の働きに協力しあうものでこそあれ、それが人類の知的能力の本質であるなどとはとうてい言えないことがわかる。私はこの対称性人類学という学問をもって、現代に支配的な思考に戦いを挑もうとしている。

こうして神話論（第一巻）、国家論（第二巻）、贈与論（第三巻）、宗教論（第四巻）の全体を巻き込みながら、この第五巻を核として『カイエ・ソバージュ』はひとつの星雲としての姿をあらわすことになった。私はこの本で、対称性人類学という名前をもったひとつの一貫した思考によって、レヴィ＝ストロースの神話論、クラストルの国家論、マルクスの経済学批判、バタイユの普遍経済学、ラカンによる無意識のトポロジー論、ドゥルーズの多様体哲学などにしめされた思想の、今日的な再構成を試みようとした。それによって、9・11以後の世界に、真の意味で役に立つことのできる思想というものを生み出したい、と願ったのである。

中沢新一

対称性人類学

目次

カイエ・ソバージュ V

序章

対称性の方へ

マゼラン海峡をぬけて

『カイエ・ソバージュ』という名前を与えられた私たちの探求は、人類の思考能力とそれが生み出してきた宗教や経済や哲学などとの内在的な関係を探る、という大きな目的をもってはじめられました。そのために私たちはまず神話的思考の本質をあきらかにする試みに、とりかかったのでした。

神話はずいぶんと古い時代から語られていたものですし、世界中に残されている神話的思考の痕跡を探ってみると、そこになにか普遍的な意味内容をもった事柄が、語り出されているように思われます。また一見すると荒唐無稽のように見えて、じつは深いレベルで働いている一貫性のある「論理」の存在を感じ取ることもできます。そこで私たちはレヴィ＝ストロースにならって、神話のことを「人類最古の哲学」と呼ぶことにしたのでした。

私たちの直接の先祖である現生人類《ホモサピエンス・サピエンス》の脳が飛躍的な進化をとげて、今日の私たちとまったく同じ能力を獲得するようになったそのとき以来、人類がこの世界にある事物の意味や、宇宙の中における自分たちの位置、自然界との間に結ばれたきずなの意味などを考えようとして生み出してきた最初の「哲学」こそが、神話であったと考えることができますが、二〇世紀の神話学の発達は、そうした神話の内部で、ある一貫性をもった論理が働いている様子を、正確な分析の方法を使ってあきらかにすることができたのです。

そうした研究によって、神話を動かしているのが、今日私たちのコンピュータを作動させている

「二項操作 Binary Operation」ないし「二項論理 Binary Logic」とまったく同じ性質をもった思考の過程によっていることがしめされてきました。神話は動物や植物や社会関係といった具体的な事物を、論理を操作するための「項」として用いて、色鮮やかな「哲学」をくりひろげてみせました。その点では、神話と科学、神話と哲学との間に、本質的な違いなどはないと考えることができます。

しかし、私たちがこの探求をつうじて、声高に強調しようとしてきたのは、神話的思考にひそんでいるもうひとつの特徴、すなわち神話が現実の世界をつくっているさまざまな非対称的な関係を否定したり、乗り越えてしまおうとする態度のうちにあらわれています。それを私たちは「対称性の論理」と呼ぶことにしてきました。この「論理」は、ふつう科学や哲学で論理と言われるものが従っているルールに従わないのです。完成品の状態になった科学や哲学を調べてみるかぎり、とくに近代以後の科学や哲学では、自分の中からできるだけこういう「対称性の論理」を排除しようとする傾向が強いと思われます。この点で、神話と科学はどうしても折り合いをつけることのできない異質性をもっているのです。

科学的思考が使っているのとまったく同じ「二項操作」を用いながら、神話的思考はそれとはまったく違う「対称性の論理」による、独自の思想を生みだそうとしてきました。そして、この「対称性の論理」の働くところ、交換は贈与につくりかえられ、言語には詩が生みだされ、人間は宇宙の一部分にすぎないことを教える倫理の思考が生命を取り戻すようになります。神話の中でかつて強力な働きをおこなっていた「対称性の論理」を復活させることには、今日大きな意義があります。それは、私たちの暮らしている世界をつくりあげているのが非対称性の特徴をもつものばかりになってしまい、その世界の内部にいるかぎり経済から国際関係にいたるまで、あらゆる領域で非対称性の原理による活動が、あまりにも過度になって、人間の世界に取りかえしのつかないようなバランスの崩壊をもたらしつつあるからです。私たちにとってほんとうに必要なオルタナティブなものは、自分の中に眠っている「最古の能力」を目覚めさせることによって、はじめて可能になってくるのではないでしょうか。しかもその能力が、私たちの内部でまだ死に絶えてはいないことを、この講義ではお話ししてみたいと思います。

『カイエ・ソバージュ』の最終巻を構成することになる今学期の講義では、ふたたび出発点である神話的思考の問題に立ち戻って、この「対称性の論理」というものがはらんでいる可能性を、極限まで押し拡げてみるという試みにとりかかることにします。神話的思考は人類の思考能力の秘密をあきらかにできる、不思議な力をもっています。その思考能力から、宗教も芸術も経済も生まれ出てきたのですから、その秘密を探っていくことによって、ひょっとしたら私たちは今日の人類が陥っている袋小路からの脱出口を探り当てることができるかもしれません。

対称性という考え方は、マゼラン海峡をぬけて大海原へ漕ぎ出す道を、きっと私たちに示してくれるでしょう。

エイによる華麗な「二項操作」

神話的思考が駆使する「二項操作」の様子を、具体的に見ていくことからはじめましょう。北アメリカ大陸北西海岸に暮らす先住民たちの神話については、これまでも何度か話題にしたことがありますが、それはこのあたりの人々の伝承する神話の内容の豊かさと、それを表現する発想のユニークさが、私たちを感動させるからです。つぎに紹介する神話なども、そうしたもののひとつでしょう。これは、バンクーバー島の近くに住むヌートカ族系マカの人々のもとから採集されたものです。

「南風との戦争」(マカ族)

昔、陸の動物と魚が南風を訪問した。南風が眠っていたので、みんなはひとつ驚かしてやろうと思いついた。イカはベッドの下に隠れ、カレイとガンギエイはベッドの足許の床に腹這いになって待機した。まずネズミが眠っている南風の鼻に嚙みついた。南風はびっくりしてベッドから飛び出し、床にいた二匹の平底魚にすべって転んでしまった。そこをイカが長い足でからみつき、南風の両足に巻き付いたものだから、これにはさすがの南風も怒った。南風が怒ると猛烈な勢いで風が吹き始め、額から流れ落ちる汗は、そのまま雨となった。そうしてとうとう南風は自分にいたずらをした連中を全部、彼らのすみかまで吹き飛ばしてしまったのである。それでも腹の虫のおさまらない南風は、ときどき地上に戻ってきては、敵を苦しめようとした。そのために、陸上動物は雨と嵐のためにひどい苦しみを味わうことになり、多くの魚たちもまた大波にさ

北アメリカ大陸北西海岸の景色
(Ruth Kirk, *Wisdom of the Elders*, DOUGLAS & McINTYRE, 1986)

らわれて岸に打ち上げられて、死んでしまうことになった（スワン採集、レヴィ＝ストロース『裸の人間』〔*L'homme nu*, Plon〕より）。

北西海岸のこの地帯では、強い南の季節風が人人を苦しめてきました。この季節風が吹き出すと、男は漁には出られなくなるし、女は海岸で貝を拾うこともできなくなるからです。しかし、その昔はもっと状況が悪く、南風は一年のうちのきまった季節にだけに吹くのではなく、年がら年中吹きまくっては、人間や動物たちを苦しめていた。それがガンギエイやカレイやオヒョウ（大カレイ）の活躍によって、ようやく限られた季節にだけ吹くようになったのだ、と神話は説明するのです。最初に取り上げた神話は、その内容を少し変形しているわけです。

同じヌートカ族の人々が、「波の起源」として伝えている神話は、そのあたりのことを、もっとストレートに語っています。

「波の起源」（ヌートカ族）

昔はのべつまくなしに風が吹きまくっていた。高波ばかりで、穏やかな波などはなく、海岸で貝を集めることもできなかった。そこで人々は「風」たちを殺すことにした。この目的を果たすために先発隊として送り出された何匹かの動物は、失敗して任務を果たすことができなかった。たとえばその中の一匹、冬ツグミの場合、「風」の家に入ることはできたものの、暖かい火にあたっているうちに、自分が何をしにやってきたのか、すっかり忘れてしまった。その火でこがされて、ツグミの体には赤い斑点ができたのである。イワシの場合はもっとひどくて、強風のため戻ってきたときにはエラの近くにあった目が、鼻の近くに移動していた。先発隊の最後は、カモメだった。カモメは目が悪く羽根も折れていたのにもかかわらず、よくがんばったけれど、敵の村の入り口を守っていた強風のために、岬から押し流されてしまった。そこでガンギエイとオヒョウは戸口の近くで構えていて、「風」の出てくるのを待った。戸口から「風」たちが外へ出てきたとたん、オヒョウの上ですべって転び、その拍子にガンギエイの髭で大怪我をした。そのとき、西風だけが抵抗しなかった。西風は柔らかい微風の吹くよい天候だけをもたらすようにしようと約束した。その風が吹くと、日に二度潮の満ち引きがあって、引き潮が起こる。そうすると人間は海岸に出て、貝を拾うことができるようになるのである。そうやって、人間の生存は救われた（ボアズ採集、前掲書より）。

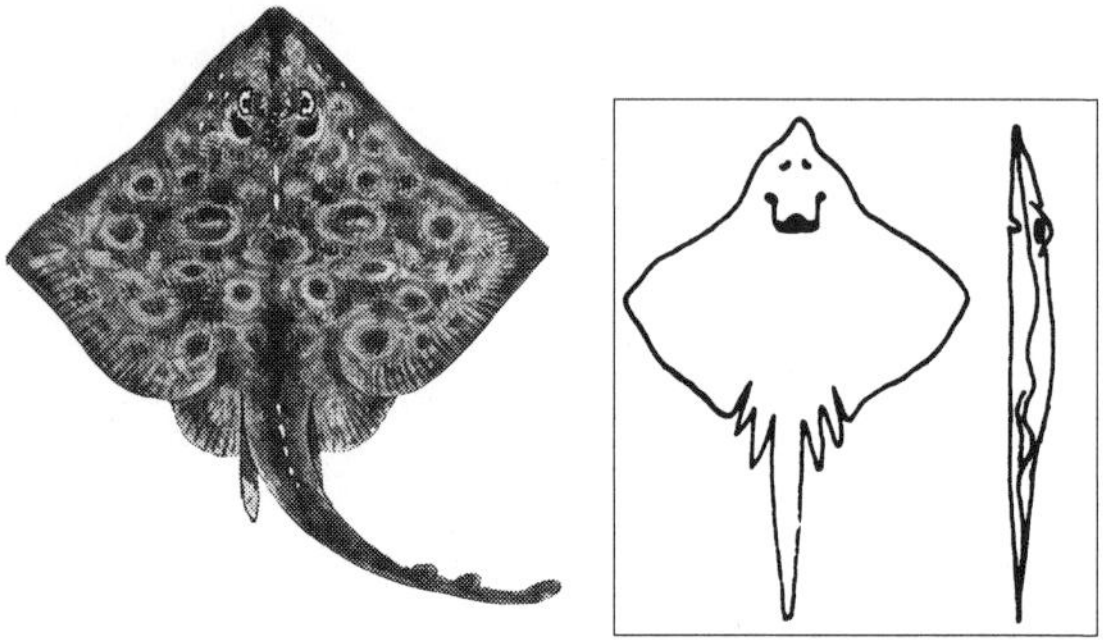

ガンギエイ（右端が側面図）
（右2点：Claude Lévi-Strauss, *L'homme Nu*, Plon）

なぜガンギエイなのか

このような神話は、一見するととてもかわいらしい内容に思えるので、たいていの人はそこに語られていることの意味を、本気で検討してみようなどとは考えないでしょう。それに、現代の童話作家たちもときどきこうした神話や民話に題材をとって、彼らの「新しい童話」を創作しようとしますが、なぜこうした神話によりによってガンギエイとかオヒョウのような魚が選ばれて登場しているのか、その理由を知らないで新しい話をつくろうとするものですから、出来上がった現代の作品はなんとなく「気まぐれ」につくられたという印象をぬぐいさることができません。

ところが実際にこういう神話を語ってきた人たちにとって、そこに登場する動物の種類も南風のような自然現象もけっして「気まぐれ」で選ばれたのではなく、長い時間をかけておこなわれてきた自然観察の経験にもとづいて、神話の論理としてきちんとしたプロセスを踏んだ上で考え出された思考の結果として、選び出されているのです。このことを、レヴィ＝ストロースはあるラジオ番組の中で、こんな風に語っています。

語られているそのままで神話の要素を綿密に調べてみると、ガンギエイは二種類の明確な特徴に基づいて行動していることがわかります。まず、平らな魚がみなそうであるように、腹の側は滑らかで背の方はざらざらです。さらに、他の動物と戦わねばならないときにガンギエイがうまく逃げられるのは、それを上か下から見るとずいぶん大きいのに、横から見ると非常に薄いためです。あんなに大きいのだから、ガンギエイを矢で射殺すのはごく容易だと敵は考えるかもしれません。しかし、まさに狙いが定められるそのときに、ガンギエイは突然向きを変えて側面だけを見せるので、狙いを定めることができなくなります。こうしてガンギエイは逃げてしまいます。ですから、ガンギエイが選ばれた理由は、ある側面から見るか他の側面から見るかによって——サイバネティックスの用語を使えば——イエスかノーか一つの答えのみを与えうる動物だからです。一方は肯定、他方は否定という不連続の二状態をもちうるのです。比喩を無理に強調するつもりはありませんが、神話のガンギエイの役割は、イエスとノーの答えを積み重ねることによって非常に難しい問題を解く現代のコンピュータの要素と同じです（『神話と意味』大橋保夫訳、みすず書房）。

北西海岸の先住民の語るこの一連の神話で主題になっているのは、南風が年がら年中吹くのではなく、ときどき吹くようになった理由を探ることです。この地方に吹く南風はとりわけ強烈で、海岸べりに住む人々の生活を脅かしてきました。それでも、救いはそれがのべつまくなしに吹き付けるのではなく、一年のうちのある時期だけとか、二日に一日とかにしか吹かないというところにあります。まるで人間と自然の間に、昔なにかの戦いや交渉がおこなわれて、そこで一種の妥協が成立した結果、いまのような人々の暮らしが可能になったかのように思われます。

南風がのべつまくなしに吹く状態というのは、＋＋＋＋＋＋とか－－－－－－と表現できるでしょう。これにたいしてときどき吹く状態は、＋＋－－＋－とか＋－＋－＋－のように表現できます。前者のような状態を表現するのに、ガンギエイの身体はあまり役に立たないでしょうね。それには正面から見ても側面から見ても、あまり形の変わらない動物、たとえば怒ったフグなどが最適かもしれません。しかし、後者の状態を表現するのには、ガンギエイやオヒョウのような平らな魚にまさるものはありません。こういう魚がパタッパタッと手旗信号を入れ替えるように向きを変えるだけで、＋＋－－＋－や＋－＋－＋－のような状態は、容易に表現されます。想像力のたくましい人ならば、何匹（何ビット）ものガンギエイを訓練して、もっと複雑な内容を情報化できる「ガンギエイ・コンピュータ」などという楽しい玩具だって不可能じゃない、と考えるかもしれません。

神話的思考とコンピュータ

科学の思考と神話の思考とのあいだには、どうやら根本的な違いなどは存在しないようなのです。どちらの思考も＋と－との組み合わせからなる二項操作を駆使して、自分たちを取り囲んでいる世界を理解しようとしているからです。科学的思考がたどり着いた末生み出されたコンピュータでは、この操作が半導体を通過していく電圧の変化を利用して、実行に移されています。これにたいして神話的思考の場合には、冬ロビンやカモメやエイやハイイロガンやハリネズミのような自然界に住む動物や植物や、風や雨のような自然現象の中から取り出された差異を利用して、色鮮やかな二項操作が展開されます。

この場合、ガンギエイのように一種類の動物を上や下から見るか側面から見るかして、印象的な差異を取り出す場合もあれば、熊と鮭を対立させてみたときに発生する差異を利用して、二項操作をおこなう場合もありますが、いずれにしても、そこで駆使される思考は、コンピュータの中でめまぐるしい速さでくりひろげられている計算と、本質的な点でまったく同じ原理にもとづいていることに、私たちはちょっとびっくりしてしまいます。レヴィ＝ストロースはその問題に触れて、こう語っています。

このように、論理的観点からは、ガンギエイのような動物と、この神話が解き明かそうと試みている種類の問題とのあいだには類似性があるのです。この物語は科学的観点からは真実ではありません。しかし私たちはこの神話がいま述べた性質をもっていることを理解できるようになりました。それは、科学の世界にサイバネティックスやコンピュータが出現し、二項操作なるものを私たちに理解させてくれるようになったからです。二項操作は、ずいぶん異なった形ではあるけれども、すでに神話的な思考によって物や動物を使って行われていたのでした。ですから、神話と科学のあいだには、ほんとうは断絶などありません。科学的思考が現段階に達してはじめて、私たちはこの神話に何がこめられているのかを理解できるようになったのです。二項操作という考え方に慣れるまでは、私たちのほうがまったく盲目だったのです（前掲書）。

ここで語られているように、神話と科学のあいだには、ほんとうの断絶などは存在しないのです。私たちは『カイエ・ソバージュ』の一連の講義の中で、一貫して、現生人類の知的能力は三万数千年前におこったと考えられる大脳組織の飛躍的な変化以来、本質的な変化も進化もとげていない、という現代の認知考古学の見解を支持する立場に立ってきました。神話の思考は、そのとき実現された現生人類の「心の構造」から、直接に生み出されたものにほかなりません。そのため、私たちの心の内奥の仕組みを知るために、神話はきわめて重要な意味をもっているのです。

その神話の思考を動かしているいちばん基本的な原理として、二項操作が重要な働きをしています。神話は自分のまわりの世界にみいだされる動物や植物や物や自然現象などを利用して、二項操作を積み重ねることで実現される、複雑な思考をやってのけてきました。神話からコンピュータまで、そこで基本的な働きをしているのは、まったく同じ原理にもとづく二項操作にほかなりません。この意味では、神話は人類最古の哲学であるどころか、人類最古のコンピュータ型思考であるといっても、そんなにおおげさなことを言ったことにはならないでしょう。

神話による「アリストテレス論理」のくつがえし

しかし、それは神話的思考のもつ重要な側面ではあっても、それだけで神話的思考というものが出来上がるわけではありません。神話は具体的な事物を材料にして、そこに「ブリコラージュ（ありあわせのものを使って作る日曜大工仕事のこと）」の方法を適用して、意味のあるお話をつくりあげようとします。そのさい、釘を打ったり、のこぎりで挽いたりという大工仕事における基礎的な作業にあたるものが、二項操作による論理です。この点では、神話と科学とのあいだには、根本的な断絶がありません。

ところが、この二項操作による論理（これを「二項論理」と呼ぶことにしましょう）によって組み立てられた神話は、ほとんどの場合、科学的思考の産物とは大きくかけ離れた性質をしめすのです。科学は二項論理を道具に使って、アリストテレス型の論理を働かせます。それにたいして、神話の思考は同じ二項論理を基礎的な道具として用いながら、アリストテレス論理の型にはおさまらない、ときにはまったくそれに違反するようなタイプの、異なる論理を働かせることによって、神話的宇宙をつくりあげようとしているのです。

アリストテレス論理の特徴はいくつもありますが、そのなかでもいちばん重要なのは「矛盾律」についての考え方でしょう。Aという命題があって~A（非A、Aではないもの）という命題があるときには、Aと~Aは両立できない、というきまりです。ですからもしもなにかのものがAという性質をもつとすると、そのものは同時に~Aという性質をもつことはできないことになります。

たとえば人間と山羊は、動物である点は同じですが、「種」という点について言えばちがうカテゴリーに属していて、私たちの常識では人間と山羊を混同することはできません。人間は言葉をしゃべりますが、山羊は言葉によらないコミュニケーションをおこなっているようです。人間は山羊狩りをして殺したり、家畜にしたり、動物園で飼ったり、あるいは野生動物として遠くのほうから観察しようとしますが、山羊が人間の世界の中に対等な立場の存在として、入り込んできて生活することはありません。私たちの日常の思考は、たいがいの場面でアリストテレス型の論理を使って、ことを無難にすまそうとしているからです。

ところが、神話では堂々とこの「矛盾律」がくつがえされてしまうのです。そしてそのくつがえしの効果をとおして、神話は科学的思考によってはとうていつくりだすことのできない、不思議な感動を与える独特の世界を創造していきます。それを示す実例は枚挙に遑《いとま》がありませんが、ここでは『熊から王へ　カイエ・ソバージュII』にも登場して私たちに深い印象を与えた、北米北西海岸に住むトンプソン・インディアンの語る神話「狩人と山羊」を、もういちどとりあげて、それに新しい視点からの分析を加えてみることにしましょう。

山羊たちも人間なのです

この神話には一人の若い優秀な狩人が登場します。彼はまだ狩りの訓練を受けている段階でしたが、ある日、自分で仕留めた山羊の体を、おおいに敬意を払いながら、ていねいに解体してから、キャンプに戻ろうとしている途中で、一人の色の白い美しい女に出会います。魅力的なこの女に誘われるまま、高い岩山をよじ登っていくうちに、崖の割れ目が開いてその中に入り込んでしまいます。洞窟の中には、たくさんの山羊の男や山羊の女が、大きな家族のようにして暮らしていました。狩人をそこに誘った女がこう言います。「これから私があなたの妻ですよ。ここは山羊の洞穴なのです。あなたたち狩人はここを見出すことはできません。私も山羊です。いまは発情期なのです」

若者は女から山羊の毛皮を手渡され、それを身にまとうと立派な若い雄山羊に変身するのでした。妻である雌山羊が彼を激励します。「さあ、雌山羊たちのところに行って、さかりなさい」。身軽な若い山羊の毛皮をまとった若者は、雄山羊たちを追い払ってから、ありとあらゆる雌山羊をものにしていきます。「それから妻と義母を含め、老いたるもの、若きもの、すべての雌山羊とつがった」。こうして若者は、立て続けに四晩も発情し、すべての雌山羊に自分の生命を注いでいったのです。

それがすむと、山羊たちはこの若者を人間の世界に戻します。妻であった雌山羊が、そのとき彼に与えた別れの言葉はとても感動的です。

「ここにあなたの弓矢があります。もうあなたは立派な狩人で、崖の上を歩く山羊たちの後を追うこともできるでしょう。山羊たちを殺したら、彼らも人なのですから、死体を扱うには敬意を払ってください。雌山羊はあなたの妻で、あなたの子供たちを生むのですから、撃ってはなりません。あなたの子孫でしょうから、子山羊を殺してはなりません。義理の兄弟、雄山羊たちだけを撃ちなさい。そして、彼らを殺しても済まないと思うことはありません。なぜなら、彼らは本当に死んだのではなく、家に帰るのですから。肉と毛皮をあなたは取りますが、本当の彼ら自身は家に帰るのです」

こうして若者は山羊の世界に別れを告げて、人間の社会に戻ってきます。彼は山羊との結婚という体験をとおして、高い技量と立派な心構えをそなえた、すばらしい狩人に成長したのでした。

神話は現実に妥協する／現実は神話に妥協する

この神話が私たちに与える感動は、アリストテレス論理のくつがえしの効果によってもたらされています。先住民の世界でも、人間と山羊のような動物の区別はきちんとおこなわれています。日常の暮らしの場面では、「人間」という種のクラスと「山羊」という種のクラスの分離は、むしろ私たちの社会よりも厳重な配慮のもとにおかれているかもしれません。それに、狩猟という行為は、いやがうえにも狩人と山羊との分離を、強く要求しています。

狩猟は戦争と同じものと考えられていましたから、そこでは人間と山羊は敵同士として対峙しあうことになります。人間は知恵をふりしぼり、肉体の限界を越える忍耐力をもって、狩りの対象である山羊たちに立ち向かおうとします。これを迎える山羊たちもまた、繊細な感覚と敏捷な運動の能力を総動員して、人間のたくらみの裏をかこうとするでしょう。ですからその場面では、「人間」クラスと「山羊」クラスとにくっきりと分離がおこなわれ、両者のあいだには厳然たる「非対称的関係」が立ち上がってくることになります。つまり、人間と山羊はちがうものなのです。

現実の行動が要求するこの「非対称性」を、神話はくつがえそうとします。神話にはよく人間と動物との区別がはっきりしない、不思議な「半‐人間」や「半‐動物」や「人間‐動物」が登場してきます。人間と動物の境界が不明確であるどころか、いっぽうの領域から簡単に別の領域への変化がおこなわれることによって、現実的行動が要求する分離のための境界線をやすやすと越えてしまう、魅力的な主人公がつぎつぎとあらわれてきます。

トンプソン・インディアンの語るこの神話でも、人の目から隠されて山中にひっそりと潜んでいる山羊たちの洞穴が、そういう場所として描かれています。鋭い狩人にも見つからないと言われているこの洞穴は、きっと三次元の空間に属していない、高次元的空間をあらわしているのでしょう(これについては、第一章に詳しい説明があります)。そこでは、「人間」クラスと「山羊」クラスが自由に行き来を実現しています。その洞穴にいる連中は、人間の言葉もしゃべり、人間と同じような社会を営んでいる「山羊‐人間」たちで、山羊の毛皮をまとって洞穴から出て行こうとすると、そのたびに山羊の姿に変わるのです。

人間の若者も、その高次元の空間に入り込むと、やすやすと山羊に変身していくことが可能になります。山羊の毛皮をまとって強い雄山羊になった彼は、群れの雌山羊たちとへとへとになるまで性の饗宴に戯れることができるのです。つまり、ここではいわば「論理的」に、人間の狩人と山羊は同質のもの(=対称的)として、おたがいのあいだに「つながり」をみいだしているわけです。

この「つながり」は、感情の領域にも及びます。山羊に変身した若者は、ほかの雄山羊たちを押しのけて、群れのすべての雌山羊と交わったのですから、つぎの春に生まれてくるすべての子山羊は彼の子供たち、ということになります。しかも雌山羊は、彼の妻たちです。そうなると、狩人と山羊を「分離」することは、ほとんど不可能となります。おたがいのあいだには、すでに強い感情的な絆が出来上がってしまっています。こうして神話は、現実原則が要求する狩人と山羊とのあいだの非対称的な関係を、ものの見事にくつがえして、そこに強い感情の同質性（これには、山羊‐人間という分類論理上の同質性も加わって、後ろ盾になっています）をともなう「対称性の原理 Principle of Symmetry」を、作動させようというのです。

神話が発動させる対称性の原理は、狩人が現実の世界でおこなわなければならない行動をマヒさせてしまいかねません。神話的思考に特有の対称性のものの考え方に重きを置きすぎますと、非対称性を原理として動いている現実の世界の行動は、スムーズに運べなくなってしまいます。そこで、神話は一つの妥協案を提出して、このジレンマから逃れようとしています。その妥協案は、若者の妻であった雌山羊のほうから出されます。

それは狩人のいわば義兄弟にあたる雄山羊は撃ってもよいけれど、雌山羊と子山羊は絶対に撃ってはいけないという掟を、人間たちは守らなければならない、というものです。

この妥協案には、「分離すること」と「絆をつくりだすこと」、非対称性の原理と対称性の原理などとのあいだに、よく考えぬかれたバランスをつくりだそうとする知恵が示されています。

しかもこの知恵の生まれてきた背景には、山羊の繁殖についての生態学的な配慮もうかがえます。

じっさい雄山羊の数はそんなに多くなくても群れは存続できますが、雌山羊と子山羊が減ってしまいますと、群れは危機に陥りますからね。こうして山羊を狩るこの先住民たちは、現実が要求するものと神話的思考が現実に抗して生み出すものとのあいだに、一つの妥協をつくりだすことによって、長い目で見れば自然環境を傷つけることの少ない、深い知恵に裏付けされた倫理を生み出すことに成功をおさめてきたのです。

死もまた存在しない

現実の世界を支配している思考では、生きていることと死んでいることは同じではありません。生と死とのあいだには、およそ考えられる限りでもっとも深刻な非対称性がある、といっても言い過ぎではありません。しかし、神話はそんなにも異質な生と死のあいだにさえ、同質性と対称性を見出そうと努力するのです。

雌山羊が語っています。「彼らを殺しても済まないと思うことはありません。なぜなら、彼らは本当に死んだのではなく、家に帰るのですから。肉と毛皮をあなたは取りますが、本当の彼ら自身は家に帰るのです」。雌山羊の語る言葉には、非対称的な現実が否定されて、みんなが日常の思考で言っている「死」などというものは存在しない、という思想が力強く表明されています。死などはない。死んだ仲間たちは、ただもといた家に戻るだけだ、というのです。

動物たちがそこからやってきた、もといた家とは何でしょう？　それは、人間と動物のあいだに完全な対称性が実現され、動物は人間の言葉をしゃべり、人間もいつでもそうしたいときには動物に姿を変えることのできる、あの高次元の空間のことをさしています。まるで動物たちは、この世で夢のような人生を送ったあと、狩人に「見かけ上」殺されて、もといた対称性の空間に戻っていくけれど、そのとき置き土産のようにして、この世に来るとき着用した毛皮や肉を残していくだけなのだ、と言っているようです。

神話的思考は、このようにして死の現実を乗り越えようとしてきました。もちろんそれで現実の世界で言われているような死がなくなるわけではありませんが、神話的思考は、対称性の原理によって生きている特別な世界、理想にみちた豊かな世界というものを考え出すことによって、死という絶対的に非対称な現実を、堪え忍ぼうとしてきたのです。

こういう考え方を、たんなる「幻想」としてしりぞけるのは、まちがっています。科学は少なくとも完成品の状態では、徹頭徹尾、非対称性の原理によってなりたっています。そこでは、生は死と分離されていなければ、思考が動き出すことはできません。そのために科学は、死というものを全体性としてとらえることができないのです。それは、死の現実のもつ表面的なことしか、扱うことができません。

ところが、神話的思考やつねにそこから養分を吸い上げてきた諸宗教では、生と死をいっしょに包み込む対称性をそなえた「なにか」を思考することによって、死の現実を乗り越えようとする努力が、くりかえし試みられてきました。そして、これからもそういう試みは続けられていくでしょう。

なぜか？　現生人類の心の構造が、それを求めるからです。ここで続けてきた講義は、その心の構造をあきらかにすることによって、宗教・芸術から経済活動にいたるまで、人間の思考と行動を突き動かしている、ダイナミックな原理をつかみだそうと試みてきました。その試みが、いまやクライマックスに向かおうとしています。

ワタリガラスに学んで

神話の思考は、レヴィ＝ストロースが主張してきたように、科学の思考と断絶するものではありません。神話の思考をつくりあげているのは、コンピュータを作動させ、科学者の脳の中で働いているのとまったく同じ、「二項操作」という基礎的な知的道具にほかなりません。自然界や人間の社会にみいだされるさまざまな事象のうちに潜んでいる差異に注目して、それを二項操作の道具として用いながら、宇宙のなかの人間の位置や世界をみたすものごとの意味について、深い思考をめぐらすものとして、神話は生まれましたが、そこで利用されている人類の知的能力は、科学的思考を生み出してきたものと、本質的に同じものでした。

しかし、神話的思考は心の内部空間に「対称性」につらぬかれた一つの特殊な領域を開くことによって、科学の思考が自分を成り立たせている原理（これはあきらかに非対称性の原理としての性質をそなえています）だけからはぜったいにつくりだすことのできない、「思想」というものを生み出すのです。そして、この「思想」だけが、今日の人類が抱えている深刻な危機からの脱出を可能にしてくれる、と私は信じます。なぜなら、私たち現生人類の心の構造が、それなしにはバランスのとれた健全な発達をとげることのできないように、出来上がっているからです。

今学期の講義は、きわめて野心的で冒険的なものとなるでしょう。太陽の光の失われた世界で、アメリカ先住民神話のトリックスターであるワタリガラスは、信じられないほどの努力をして、自分のくちばしを使って天を覆うドームの壁をつつき、とうとうそこにひび割れをつくりだし、世界に明るさを取り戻したと語られています。私はと言えば、この講義をとおして、「対称性」という自分に与えられたワタリガラスのくちばしを忍耐強く動かすことによって、私たちの上に重くのしかかりこの世界を閉ざしている頭上の天幕に、たしかな亀裂を入れてみたいと思うのです。

第一章

夢と神話と分裂症

科学の発見は対称性の空間でおこなわれる

神話の思考は「二項操作」を思考の道具として、「対称性の論理」を働かせるものだということを、前回の講義ではお話ししました。このうち二項操作は科学の思考が駆使しているのと基本的には同じものですが、対称性の論理のほうは神話的思考に特有なものです。

科学の場合には、少なくとも完成品の段階では、徹底して非対称性の論理を使って、万事が進行していきます。そこでは「同一律」や「矛盾律」などのような、アリストテレス論理学の原則を守って、ものごとをきちんと分離したうえで論理の文法にしたがって結びつけるというやり方で、まちがいのない推論や証明がおこなわれています。そういう科学の推論に、「山羊－人間」や「熊－人間」のような対称的な概念が登場してはならないというのが、その世界でのきまりです。

ところが、科学史の本などを読んでみますと、科学の領域においても、ことはそんなに単純には展開してこなかったという印象を受けます。そこにはよく科学的発見のおこなわれた過程についての興味深い記述が見られます。科学の研究に新しいアイディアが生まれるとき、創造的な思考はかならずしも非対称性の論理にしたがっているのではなく、むしろそれまでの研究では分離しておくのがたてまえになってきた異質な領域のあいだに通路が突然見えてきて、別々に考えられてきた領域のあいだにひとつの全体運動があらわれてくるときに、新しい発見がおこなわれるという実例がたくさんある様子なのです。

ガロアが「五次以上の代数方程式を根号で解くことはできない」という問題への取り組みから、人類の思考の歴史の中でもとりわけ輝かしい「群論」を発見したときにも、そういうことがおこっています。ガロアの思考の中では、それまで誰もそこに全体運動がおこなわれているなどということが見えなかった異質なレベルのあいだで、対称性をたもったまま、ひとつの全体運動がおこなわれている様子が、はっきりと見えていて、それを決闘で死ぬ前の晩に不眠不休で、友人にあてた手紙に書き付けたのでした。

量子力学発見のさいにも、同じようなことがおきています。ひどい花粉症をわずらっていた若いハイゼンベルクは、花粉のまったく飛ばない北海のヘルゴラント島に渡って、解けそうで解けない難問に取り組んでいましたが、ある日の明け方、彼はいままで実験で知られていたおびただしい数の数値が、ひとつの秩序を守って全体運動をしている様子を、はっきりと見届けることができました。それまで見えなかった対称性を見えるものにする計算の方法を、彼はそのとき発見したのです。

こういう実例は、ほかにもたくさんあげることができます。科学的思考が新しい発見をおこなうときには、しばしばこういうことがおこります。出来上がった理論は、厳格な非対称性の論理にしたがって書かれることになりますが、はじめてその考えがあらわれてくるときには、科学者の思考も対称性の論理によって動く無意識の領域に深く沈潜することがなければ、めったに画期的な発見などは生まれてはきません。

こんな風に考えてみますと、ますます神話の思考と科学の思考とのあいだには、対立どころか、むしろ親密な兄弟のような関係があると主張したくなります。科学的思考もまた、対称性の論理によって動く無意識の領域で直観的につかみだされたアイディアを、非対称性の論理に「翻訳」することによって、飛躍を重ねてきました。神話の思考もまた、対称性の思考がとらえるものを、神話独自のやり方で「翻訳」することによって、つぎつぎと生み出されてきたものです。ただその「翻訳」の規則が違っているために、たがいのつながりが長いあいだ見えにくくなっていたのですが、サイバネティックスやコンピュータの発達などに促された二〇世紀以来の神話学は、同じ現生人類の心が生み出す思考の産物として、神話と科学との真実の関係をあきらかにしようとしてきたわけです。

対称性の思考は高次元を必要とする

それにしても、対称性の論理が私たちの前に取り出して見せようとするものを、じっさいのイメージとしてとらえようとすると、とてつもない難しさが発生することが、すぐにわかります。たとえば、前にとりあげたトンプソン・インディアンの「狩人と山羊」という神話で、若い猟師が美しい山羊の女に誘われて入り込んだ、洞穴の中の光景を思い浮かべてみましょう。

そこには「山羊 - 人間」たちが生活しています。人間のかっこうをしているようでいても本当は山羊で、山羊の毛皮を着てすっかり動物の山羊として外出していくのです。洞穴の外の世界では、人間と動物を分離する非対称性の論理が支配していますから、それにあわせて彼らも毛皮の脱着によって、外の世界のやり方に合わせてはいますが、この洞穴の中では本性をまるだしにして、人間でも山羊でもない存在をさらけだしています。

こういう「山羊-人間」を絵に描くことは可能でしょうか？　現代のCG技術を使えば、こういう多重存在をめまぐるしく姿を変化させていくキマイラのような存在として描くことも、できない相談ではないでしょう。しかし、それでも対称性の論理が要求している「山羊-人間」そのものを表現することは、難しいのです。イメージによる表現は、思考がとらえているものを三次元の空間の中に描かなくてはなりません。ところが、神話はそれ以上のことを求めています。

同じ場所に複数の存在が同時にいても、ちっともおかしくないような世界のことを、神話は語ろうとしています。ひとつの椅子に私が座ってしまえば、もうそこにあなたが座ることはできません。二人が同時に座れるようにするためには、どうすればいいのでしょう？　幻想絵画やCGの表現では、まだ不十分です。こういう場合に数学では、どう考えるかというと、二人の人間を四次元とかもっと上の次元をもった空間に埋め込んでしまえばよい、と言うのです。そういう高次元Multidimensionでは、二人の人間が同時にひとつの椅子に座ることもできるし、テニスボールの裏表をひっくりかえすこともできるし、靴ひもに触らないでも、ほどくことができるようになります。

こういうことは、数学者の考え出した知的なお遊びのようにも思えます。ところが、こういう三次元よりも高い次元が実在していることを、神話を語っていた人々はごく当然のこととして認めていたようなのです。若い猟師が紛れ込んだのは、そういう高次元の成り立ちをした洞穴なのでした。そこでは一人の人物の中に複数の存在が同時にいることができるために、山羊であり人間であるような不思議な存在も、ごく自然に生きていることができます。またそのために、猟師たちにはその洞穴が発見できません。

そして、そういう高次元の成り立ちをした空間の中でこそ、対称性の論理は自由に動き回ることができます。対称性による思考は、たしかに現実の世界の中では生きにくいと言えるでしょう。とくに現代社会などでそういう思考をあまりに活発に働かせすぎますと、「精神病」の扱いを受けることにすらなります。アマゾン流域に住んでいた先住民は、「私は鸚鵡《おうむ》だ」と言っても別に仲間たちから変な目で見られたりしませんでしたが、これを私たちの社会でやると、とたんにその人の社会的評価には危険信号がともるようになります。

現代の社会は三次元で構成された現実だけが、唯一の実在であると信じているために、高次元でのみ自由に動くことのできる対称性の論理そのものが、危険であったりいかがわしいものに見えるのでしょう。しかし人類は三万年以上もの長いあいだ、自由な思考の動き回れるそういう高次元の実在を疑っていなかったのですから、私たちの社会が対称性の論理や高次元的なものにたいしてとっている否定的な態度こそ、むしろ異常と言えるのではないでしょうか。

圧縮の技法を用いた仮面

みなさんに手渡してあるコピーには、北アメリカ大陸の北西海岸に住む先住民クワキゥトゥル族の制作した仮面の絵が載っています。ラオラクサ Laolaxa の祭りに登場するこの仮面をよく観察してみ

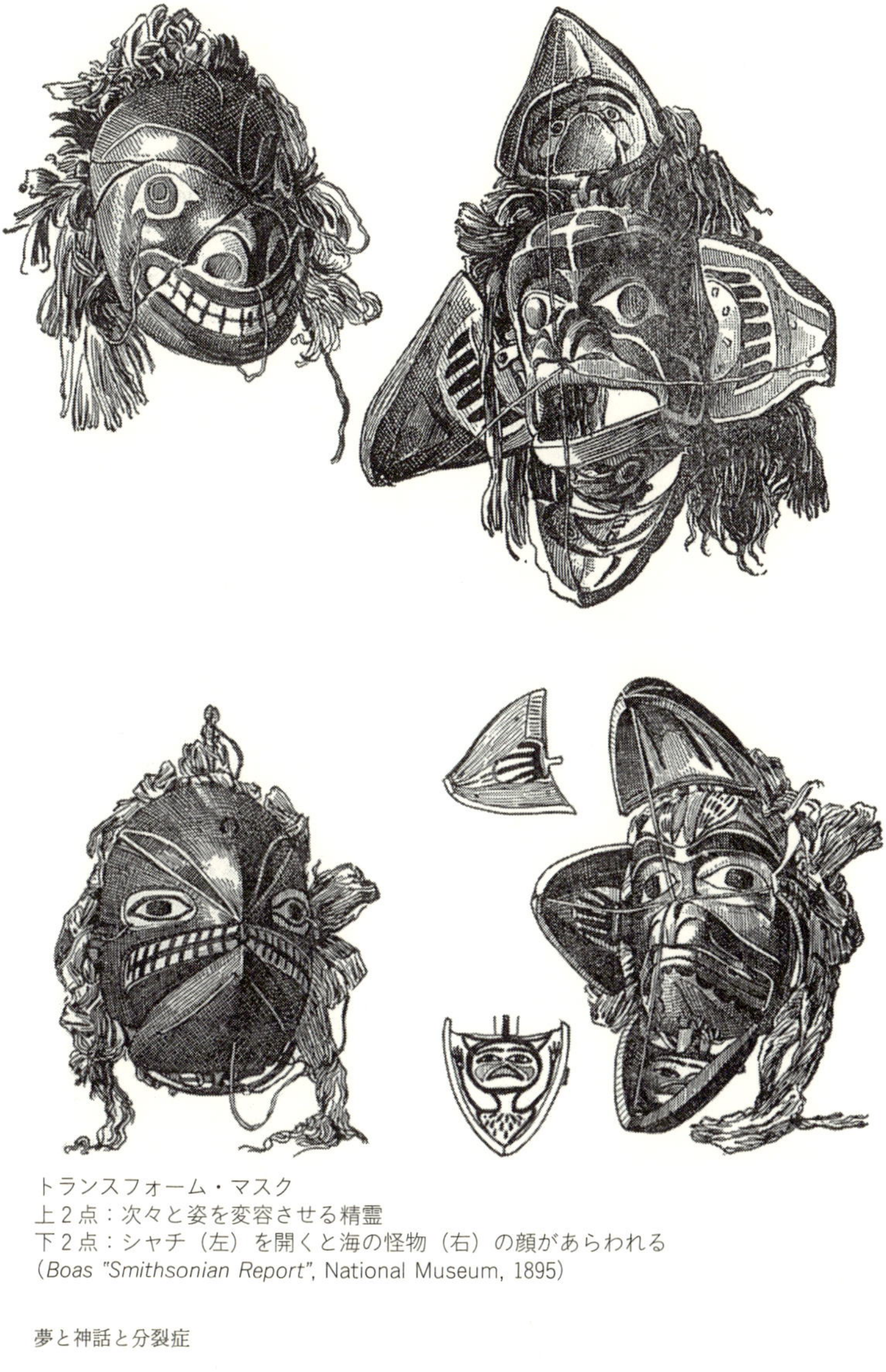

トランスフォーム・マスク
上２点：次々と姿を変容させる精霊
下２点：シャチ（左）を開くと海の怪物（右）の顔があらわれる
（*Boas "Smithsonian Report"*, National Museum, 1895）

ると、神話の思考が高次元をどうとらえ、どのようにそれを表現していたのかが、よくわかります。

この仮面にはひもがついていて、ここぞというときにそれをひっぱると、仮面が真ん中でカパッと割れて、中から別の顔があらわれる仕組みになっています。この仮面の場合、はじめに登場してきたときにはシャチの仮面ですが、それが途中で人間の顔に突然変化します。しかも人間とシャチの入れ替えは、めまぐるしい速さでおこなわれ、ふつうはシャチだと思っている動物がじつは人間との混成体《ハイブリッド》であることが、この「シャチ－人間」の踊りを見ている人々には納得されます。

こういうタイプの仮面は、北西海岸のインディアンからエスキモー（イヌイット）にいたる広い地域で発見されています。また明治時代の日本列島でも、東北盛岡の春田打ちの舞に出てくる芸人が、田の神をあらわす美しい女性の顔と山の神を表現する醜い顔とを交互に入れ替えて、「トランスフォーム・マスク（現在では北西海岸先住民のこの種の仮面は、英語でそう呼ばれています）」と同じ機能を演じてみせる芸をおこなっていた様子などが、詳しく報告されています（金田一京助「山の神考」『民族』二ノ四四）。

人々がこのような仮面をつくりだそうとした理由はあきらかです。彼らは三次元の空間の中で、高次元の現実を表現しようとして、こういう仮面を発明したにちがいありません。言葉は抽象化の能力が高いので、こういう高次元の現実をうまく表現できます。そのために神話では複数の意味を圧縮した存在を、言葉で暗示しておくだけでいいのですが（神話は「山羊－人間」という抽象的な概念を口にするだけでいいのですからね）、それをじっさいに目で見えるものとして物質化しようとするとき、頭

1ドル紙幣（裏）

をひねった人々がこういう仮面をつくりだしたのでしょう。

「象徴」は圧縮の技法による

言葉で表現されるものでも、仮面のような造形美術で表現されるものでもいいのですけれど、一般に「象徴 Symbol」と呼ばれているものの多くは、多かれ少なかれ高次元的な意味や現実を「翻訳」して、います。現実の世界でも理解のできるものにつくりかえる働きをしています。象徴では意味の圧縮がおこなわれます。ひとつの表現の内部に、たくさんの意味が一度に詰め込まれているからです。

たとえば、みなさんもご存じの一ドル紙幣に刷り込まれている、上のような不思議な図像について調べてみましょう。

ここにはたくさんの意味が詰め込まれています。アメリカ合衆国独立運動の指導者のうちの何人かが、ヨーロッパの有名な秘密結社「フリーメースン」の団員だったことはよく知られていますが、一九三五年に制定されたこの一ドル紙幣には、その「フリーメースン」の思想が圧縮されて表現されていると言われています。ピラミッドは、「フリーメースン」というもともとは中世の石工組合から出発した啓蒙思想の団体が、十字軍と一緒にエルサレムへ出かけて、破壊されたヤハウェの神殿の再建にたずさわった人たちだという、古い伝説に関係があります。また、ピラミッドの真ん中には大きな眼が描かれていて、人々を古い宗教のくびきから解き放って啓蒙していこうとする、この秘密結社の掲げる真理の理想を表現しています。ほかにも、この図像にはたくさんの意味が詰め込まれていますが、ここではこれくらいにしておきましょう。いずれにしても、一枚の紙幣にこれだけたくさんの意味を圧縮して詰め込んでいる例というのも、めずらしいのではないでしょうか。

このような象徴的な図像を見ると、まるで夢の中に出てくるイメージそっくりだ、と思いませんか。言葉で表現したら長いリストが必要になるほどのたくさんの意味を、この文様はいちどきに圧縮して表現しようというのですが、これはあとでもっと詳しく説明しますように、「夢の語法」が愛用する圧縮法とまったく同じやり方なのです。夢をとおして無意識が語ろうとしている内容は、高次元のなりたちをしています。そのために、これをイメージ化するために夢は、複数の意味が圧縮されたイメージをつくりだして、高次元な内容の「翻訳」をおこなっているのです。

意味の圧縮がおこなわれるのは、その背後に対称性の論理が働いて、高次元的な意味や現実が表現されるのを待ちかまえているからです。言葉は時間軸にそってしか流れることはできませんから、高次元的なものを表現するには、ひとつの言葉の中にいくつもの意味を圧縮するしか方法がありません。三次元の空間でそれを表現しなければならない造形美術では、クワキゥトゥル族の仮面のような仕組みを考えだすか、二〇世紀はじめ頃ブラックやピカソが試みた「立体派《キュビスム》」絵画のように、複数の視点や時間軸を組み合わせて、高次元を表現する方法に取り組んでみるか、いずれにしても大胆な精神の冒険が必要です。

全体と部分の一致

対称性の論理によって動く神話の思考は、じっさいにその内部でおこっていることを完全に近い形で表現するためには、三次元よりも高い次元の空間が必要になってくる、という私の考えを確かめるのは、そんなに困難なことではありません。

ブラック「ピンと新聞」(1911)

いわゆる「文字を持たない社会」では、イニシエーション Initiation の儀式が盛んにおこなわれていました。これを通過することのできた子供たちは、はじめて大人の社会に迎え入れられることになります。またいろいろなタイプの秘密結社の発達した社会では、若者が過酷な試練に耐えることによって、結社の一員となることができます。いずれにせよ、これは旧石器時代からすでにおこなわれていたと推測される、人生の重要な節目を画する儀式なのです。

この儀式では、イニシエーションを受ける子供や若者たちは、しばしば深夜に不気味なうなり声とともに森の奥などから出現する怪物のような存在によって「食べられてしまう」体験をします。このとき長老たちはよく「怪物に食べられることによって、お前の古い自我は破壊されてしまったのだ」などと説明することが多いのですが、得体の知れない巨大なものに「食べられる」体験を通過したあと、新しい主体として生まれかわったと祝福されます。

こういう儀式の中でも、クワキゥトゥル族のアザラシ結社のおこなっている「ハマツァ」の儀式ほど興味深いものはありません。この儀式のことはすでに『熊から王へ　カイエ・ソバージュII』でも取り上げられて、詳しい検討が加えられましたが、ここでは神話的思考の数学‐論理的構造を探るという目的のために、いま一度立ち戻ってみることにしましょう。

クワキゥトゥル社会でもっとも権威のあるアザラシ秘密結社の一員になるためには、若者は「ハマツァ」にならなければならない、と信じられています。「ハマツァ」とは「人食い」の意味を持っています。そのためには、結社入会志願者は厳重な秘密のヴェールに覆われた儀式を通じて、「バフバクアラヌフスィイェ」というとてつもなく強力な人食いの怪物によって、食べられてしまう体験を経なければなりません。「バフバクアラヌフスィイェ」は、とにかくありとあらゆるものを呑み込み、食べてしまう存在だと言われているだけで、仮面や像や絵として描かれることもありません。つまり、この怪物は表象不可能な、なにもかもを呑み込んでしまう「無」であると考えられていたわけです。

そして、恐ろしい怪物に「食べられる」体験を通過したあと、若者は表象不可能なものを背後に抱えた衝立《ついたて》の真ん中にくり抜かれた穴から、まるで宇宙的な母親の胎内から第二の誕生を果たすかのように、「ハップ、ハップ」という叫び声とともに、アザラシ結社員たちの前に歌いながら踊りながら、出現してきます（写真図版参照）。

カンニバルのダンス
(*Handbook of North American Indians 7*, Smithsonian Institution, 1990)

この儀式をつくりあげているのは、強力な対称性の論理です。そこではつぎのような論理が展開されています。「バフバクアラヌフスィイェ」という表象することのできない巨大さと深淵を抱えた怪物は、限界のない無限の広がりをもった宇宙の「全体性」を言い当てようとしているのではないかと思われますので、これを無限の全体をあらわす数学の記号を使って「∞」と書くこともできます。これにたいして「古い自我」に閉じこめられている主体は、あきらかにこの無限の全体から見れば、有限な「部分」にあたることになります。するとこの儀式を動かしている思考を、つぎのようにまとめてみることができるでしょう（上図）。

儀式の第一段階：「無限の全体x」が「有限な部分y」を呑み込む。

これを$y \longmapsto x$と書く。すると、

儀式の第二段階：「無限の全体x」から「有限な部分y」が誕生する。

これは$x \longmapsto y$と書くことができる。

「ハマツァ」の儀式をとおして、$y \longmapsto x$であり、かつ$x \longmapsto y$であるような主体が、新しい「人食い」として出現することになるわけですから、人々に畏れられる「ハマツァ」という存在（下図左）は、別の書き方をすれば（下図右）、図のような対称性の構造をもった主体にほかなりません。これはあきらかに、「全体と部分が一致する」という特別な構造をもった主体です。

$$y \longmapsto x = x \longmapsto y$$

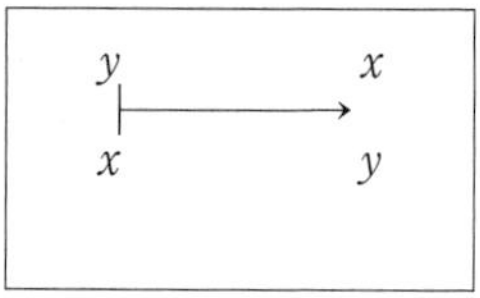

「クラインの壺」再登場

私たちの社会では、「人食いCannibal」が尊敬されたり誉められたりすることはめったにありませんが、「ハマツァ」になって「人食い」となることのできた秘密結社員は、クワキゥトゥルの社会では高い評価と権威を得ることになります。いったいこの違いはどこから来るのでしょう。

私たちの合理主義的な社会では、全体と部分は分離されています。そうでないと、「私は宇宙です」

というような表現や思考が、比喩ではなしに日常生活でも横行することになってしまいます。こういう言い方はニュー・エイジのコミュニティや新宗教団体の内部では通用するかもしれませんが、会社や学校や家庭では極力このタイプの思考は抑えられています。

ところがイニシエーションの儀式をもった社会では、「全体と部分が一致する」という思考こそが、日常的な思考よりもあきらかに「高級」なものとして、扱われる傾向にあります。そうでなければ、わざわざ「人食い」の秘密結社などをつくって、「人食い」になれた人を尊敬するなどという考えは浮かばないでしょう。しかし、二〇世紀の初期に量子力学を建設したハイゼンベルクのような科学者は、「全体と部分が一致する」思考方法こそが、物質の神秘を解く鍵を握っていると主張していましたし(『部分と全体』という彼の書いたすばらしい本をお読みになるといいです)、ハイゼンベルクの先生であるボーアも似たような考えをしていました。「人食い」の思考は、物質の神秘にも深く関わっています(第六章「原初的抑圧の彼方へ——仏教(2)」参照)。それはこのタイプの思考が、アリストテレス論理の限界を、越える可能性をもっているからです。

「ハマツァ」儀式を動かしている思考では、「全体」と「部分」がひとつながりになっています。しかも表と裏をひねってひとつながりにしたようなかたちで、つながっています(表では $y \mapsto x$、裏では $x \mapsto y$ と描き込まれた表面がひとひねりされて、ひとつにつながっているのです)。私たちは『カイエ・ソバージュ』の講義をとおして、何度もこのようなトポロジーに出会ってきました。そうです。この論理を図形としてあらわしてみると、それは「クラインの壺」という高次元の立体に帰着するのです（図版）。
「クラインの壺」を三次元の立体として描くことはできません。しかし、この高次元立体を使うと、「部分と全体が一致する」イニシエーション儀式が駆使している論理をうまく表現することもできますし、神話の中で働いている対称性の論理や、象徴的な造形表現や詩の表現がさかんに利用している圧縮の技法などを、ごく自然に表現し、

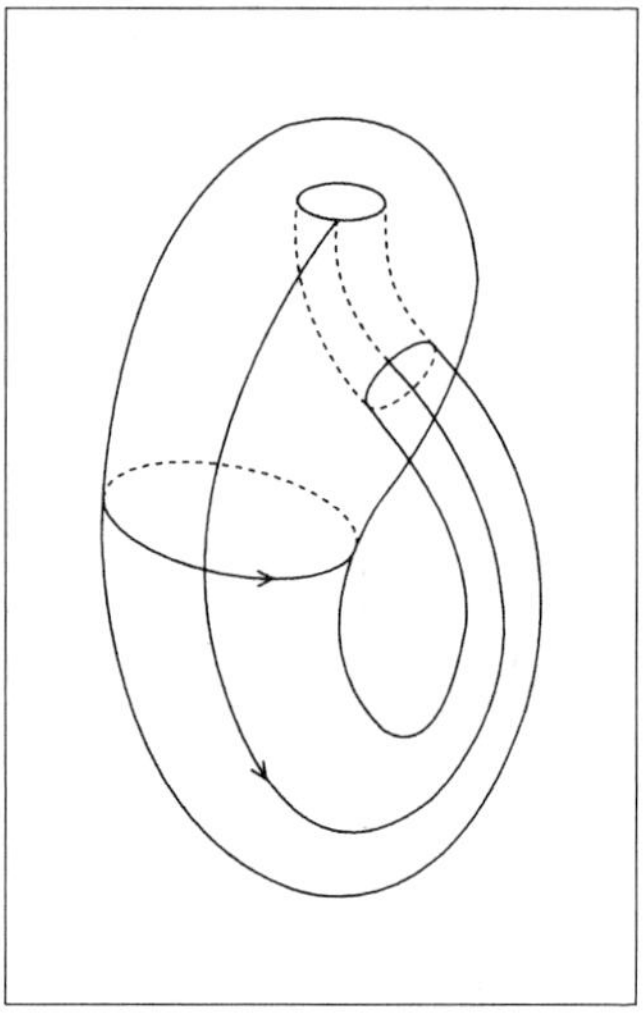

クラインの壺

理解することができるようになります。

合理主義的な日常思考では、「クラインの壺」型の思考が働くことを抑圧して、すべてを三次元の空間におこることとして処理しようとしています。たしかにそうすると、会社や社会での仕事はスムーズに合理的に進めることができます。しかし、文字を持たない、国家を持たない社会の人々は、それだけでは人間として不十分であると考えたのでしょう。この人々はおそらく、日常思考が思考の表面にあらわれてこないように抑えている「クラインの壺」の構造をした、高次元で働く論理のほうが宇宙の真理（ハイゼンベルクなら「物質の神秘」と言うでしょう）に肉薄していると考えていたのでしょう。人々が世俗的な毎日の生活を脱して「聖なる」時間を生きようとする冬の祭りの期間には、その社会は「クラインの壺」型の高次元思考によって活気づく神話や儀礼で沸き立ち、自分の思考と存

在そのものをこの壺のような高次元のなりたちをしたものにつくりかえる試練に耐えた男たちを、偉大なる「人食い《ハマツァ》」と呼んで、ほめたたえようとしたのです。

神話は無意識のおこなう思考である

レヴィ゠ストロースはどこかで「神話は無意識のおこなう思考である」と語っています。私はつねづね、この言葉にこめられた意味を最後まで一貫した視点で展開してみる必要がある、と考えてきましたが、いまだにそういう試みはおこなわれていません。そこで私はここで、神話が無意識のおこなう思考であるとしたら、どのような結論がそこから引き出されるか、その問いかけを最後の帰結まで展開してみようと思うのです。

これまでのところをまとめてみると、神話の思考はつぎのような特徴を持っていると考えることができます。

(1)対称性の論理を用いる。現実の世界が非対称的な関係でつくられているのを見てとった神話は、その関係を反転して、対称的な関係につくりかえる。

(2)三次元の世界にはおさまりきらない高次元的なリアリティを表現しようとしている。そのために、イメージの圧縮や置き換えがひんぱんにおこなわれる。

(3)全体と部分がひとつながりになるような思考法をとることが多い。そのため「神話の論理」

を図形であらわしてみようとすると、「クラインの壺」の構造をしていることがわかる。これはもちろん高次元のトポロジーである。

レヴィ＝ストロースの考えが正しいとすると、また私たちが神話が用いている論理の中からとりだした以上のような特徴がおおむね間違っていないとすると、ここにあらわれた特徴のすべては、これまで「無意識」と呼ばれてきたもののうちにも、そっくりみいだされなければならないはずです。とりわけ、無意識と言えばこれまで精神分析学の特権的な研究分野だったわけですから、私たちとしては、精神医学の側からこのような視点に立って無意識を描いた研究が、どうしてもほしくなってきます。はたしてそんな研究は存在するのでしょうか。

さいわいにしてそのような研究が、精神科医イグナシオ・マッテ・ブランコによっておこなわれているのを、寡聞にして私は最近になって知るところとなりました。『無限集合としての無意識——複論理《バイロジック》の試み（Ignacio Matte Blanco, *The Unconscious as Infinite Sets*——*An Essay in Bi-logic*, Karnac Books, London, 1975）』と題されたその研究には、まさに私が求めてきた問いかけにたいする、精神医学の側からのみごとな解答をみいだすことができます。

イグナシオ・マッテ・ブランコの研究

マッテ・ブランコの研究は、おもに分裂症（最近ではこの言い方を避けて、「統合失調症」と呼ぶことが求められていますが、ここでは「スキゾフレニー」の訳語としていままでと同じ「分裂症」を用いることにします。「統合失調症」では無意識の活動のポジティブな側面が抑えられてしまうように感じられるからです）と呼ばれる現象を中心に進められたものですが、長年にわたる分裂症の観察から、彼はひとつの確信にたどり着くようになります。さまざまな障害をともなってあらわれる分裂症は、一見するととりとめもないカオスのように見えるけれども、その背後に特有の「原理」にしたがう論理があることを、彼はみいだすにいたりますが、驚いたことに、その原理はフロイトが無意識の特徴として取り出したものと、完全に一致していたのです。ここからマッテ・ブランコは、分裂症と呼ばれている精神現象は、無意識の活動が「生《なま》な形」で、表面に浮上してくるときにあらわれる現象にほかならないのではないか、と考えるようになったのでした。

そこから彼は、無意識の本質についてつぎのような思考を展開していきました。無意識は、ふつうの科学的思考の用いているアリストテレス論理にはぜったいにおさまらない、あるいは明白に違反している、いくつかの特徴を持つ論理にしたがっているように見られます。通常のアリストテレス論理も無意識の論理も、同じ二値論理（あるいはサイバネティックスの用語で言えば二項操作）を使って表現されるところはまったく同じですが、その二値論理の使用法が、違っているのです。

（無意識の原理Ｉ）まず、アリストテレス論理の場合には「個体」（ここには、人間、事物、概念などが含まれます）についての認識を出発点にしているのにたいして、無意識はその個体が含まれる

「種」または「クラス」にしか関心を示しません。つまり、ものごとが個体化していく方向にではなく、一般化していく方向に向かう強い傾向があるのです。そのために、具体的な個人ではなく、日本国民だとか人類だとかといった「クラス」を、まるで個体や個人のように取り扱おうとします。無意識は「種の論理」（これは日本の哲学者田邊元《たなべはじめ》のつくった概念です。これについてはよかったら私の『フィロソフィア・ヤポニカ』を読んでみてください）の構造のただなかで働いているわけです。

（無意識の原理II）つぎに、通常の科学的思考では、ものごとを分離し、矛盾を生み出す混じり合いがおきないように不均質に保つ、非対称性の原理を守らなければならないと求められています。ところが無意識は、非対称的な関係をまるで対称的であるかのように扱おうとします。分裂症にしめす一例では、「ジョンはピーターの父である、だからピーターはジョンの父である」というタイプの思考を進めていきます。私たちの生きている「正常な世界」では、息子と父とは非対称的関係の最たるものですが、無意識は三位一体説を唱えるキリスト教神学のように、息子と父の同質性を強く主張してゆずりません。

無意識のしめすこの第二の原理を、マッテ・ブランコは「対称の原理」と呼んで、そこからいくつもの帰結をひきだそうと試みました。彼は「分裂症における基礎的な論理——数学的構造」（『現代思想』vol.24-No.12,1996）という論文で、つぎのように書いています。

これを対称の原理と呼ぶことができる。その原理は、あらゆる科学的思考と哲学的思考の依拠してきた論理からの、これ以上ないくらいのはなはだしい逸脱を示している。その原理は、分裂症的思考と無意識の思考のうちでつねに働いているのが認められる。その原理から、次のように、いくつかの帰結がえられる。

II1　対称の原理が適用されるとき、時間的継起はありえない。これは、非対称的な関係が妨げられた場合に避けることのできない帰結である。

II2　対称の原理が適用されるとき、部分は全体とかならず同一となる。

本のページは本の部分であり、腕は身体の（真）部分である。対称の原理が適用されると、「腕は身体の部分である」という関係はその逆を含意することとなる。すなわち、「身体は腕の部分である」。時間が消失するのと同じように、真部分と全体のあいだの差異もまったくなくなる。

「愛している」と「憎んでいる」の対称性

分裂症ではたいへんに特徴的な情動障害がおこります。まず情動を調整する能力に障害がおこって、ある情動から別の情動へと、突然はげしく変化しやすくなります。愛の感情が急に高ぶってきたかと思うと、つぎの瞬間にははげしい憎しみの感情に変化をおこし、情動がめまぐるしく移行をくりかえして、どうにも調整がつかなくなってしまいます。またふつうなら歓びをおこすはずの刺激が、その逆の悲しみや怒りを引き起こす感情倒錯や、喜びのしぐさを示しながら悲しそうに泣くといった表情倒錯もおこります。こうして最後には、情動そのものとそのあらわれを、まったく統合できなくなってしまい、目では泣き、口では笑いながら、相手を罵倒すると同時に心からの敬愛を表現するというように、情動が「圧縮」されて、もはや分離できない状態にたどりつくようになるのです。

マッテ・ブランコの考えでは、「対称の原理」という視点に立ってみると、分裂症のしめすこうした情動障害の現象も、理解可能になってきます。分裂症では、情動の圧縮がおこっているために、ひとつの情動を別の情動と区別するのが困難になっています。分裂症の患者は、愛と憎しみをまるで同じものであるかのように扱おうとしています。「正常」な世界では、愛と憎しみははっきりと区別されている感情です。つまり、愛と憎しみの感情のあいだには、非対称の関係があります。二つの感情は同質ではなく、不均質なのです。

ところが分裂症では、愛と憎しみが同質の情動として扱われます。そこでは、愛と憎しみは対称的なものとして取り扱われ、二つを包摂するより高次元のなりたちをした情動が、自分の内部で激しい活動をしているのを、分裂症患者は体験するようになります。そのために、ある情動から別の情動への突然の変化は避けられないこととなり、「正常」な世界では矛盾しているとされる情動のあいだに区別がないということになれば、どんな対立物も一致してしまうことになって、感情倒錯や表情倒錯を止めることはできなくなってしまうわけです。

『ロード・オブ・ザ・リング』(『指輪物語』)に登場してくるゴラム(ゴクリ。指輪を手にする前の善良な時はスメアゴル）が、このような情動障害の典型をあらわしています。ゴラムは心のいっぽうではホビットを尊敬し愛しているのですが、心のもういっぽうでは自分の命よりも大切な指輪（引用文中いとしいしと）を盗んだ相手として、殺してやりたいほどに憎んでもいます。ゴラムの心の中では愛と憎しみがめまぐるしく入れ替わりながら、彼の心を占領しています。そこでゴラムはこんな独り言をつぶやき続けるのです。

「だけどスメアゴルはとてもとてもいいスメアゴルになるっていったのよ。いいホビットさんだよ！　スメアゴルの脚から痛い綱を取ってくれたのよ。わしに親切な口を利《き》いてくれるんだよ。」「とてもとてもいいことだよ。ねえ、いとしいしと？　いいスメアゴルでいようよ、さかなみたいによ、かわいいさかなみたいによ、だが自分にだよ。いいホビットにはしどいことしない、もちろんね、もちろんしないね。」

「だけどいとしいしとは約束守るのよ。」と、スメアゴルの声が反論しました。

「それなら取っちゃいな。」と、もう一つの声がいいました。「そしてわしらが自分で持ってよう！　そうしればわしらが旦那よ、ゴクリ！　もう一人《しとり》のホビットはよ、いやな疑い深いやつよ。あいつは四つん這いにさせてやれ、そうよ、ゴクリ！」

「だけど、いいホビットにはさせないよね？」

「ああ、させないよ、わしらがさせたくなきゃよ。それでも、やつもバギンズだよ、いとしいしと、そうよ、バギンズだよ。バギンズがあれを盗んだ。かれはあれを見つけたのに、何もいわなかった。一言もよ。わしらバギンズを憎むう。」（『指輪物語　二つの塔』J・R・R・トールキン、瀬田貞二・田中明子訳、評論社）

このように、無意識の活動にあっては、情動はあきらかに「一般化」と「対称性」の原理にしたがって働いていています。その情動が感情となって表面にあらわれてくるとき、ふつう「意識」と呼ばれている非対称化の働きによって、高次元のなりたちをした情動には不均質化や分割や分離の作用が加わるために、たとえば「愛－憎しみ」という高次元情動は、三次元の世界で調整や取り扱いのしやすい「愛」と「憎しみ」という二つの感情に、分割されていくことになります。

ところが分裂症では、対称性によって働く無意識の情動を、意識の表面に手つかずのまま浮上させてしまった結果、非対称的な意識の働きによって組織された日常世界では、非対称性が解体することによってもたらされるさまざまな障害として、その無意識系の働きがむきだしにあらわれているのだ、というのがマッテ・ブランコの基本的な考えです。彼の研究は私たちにとってもとても重要な意味を持っているので、今学期の講義ではこのあとも何度か取り上げる機会があるでしょう。

無意識の大陸に向かって

みなさんは、精神医学が「無意識の原理」として取り出してきたものと、私たちがこの一連の講義で「神話的思考の原理」としてあきらかにしてきたものとが、あまりにもよく似ていることに驚かれたのではないかと思います。神話の知恵と分裂症の妄想とが、深いレベルでの構造的一致を示しているのです。この事実はいったい何を語っているのでしょうか？

レヴィ＝ストロースはことあるごとに「神話は無意識のおこなう思考である」と語っています。この言葉を文字通りに受け取ることにすれば、神話と分裂症の示す類似性も、たしかに驚くにはあたらないと言えるかもしれません。フロイトがすでに予想していたように、またマッテ・ブランコのような現代の精神科医があきらかにしてきたように、分裂症は夢や言い間違いなどをとおして意識の表面に浮上してくる無意識の過程と、まったく同じ働きをしています。

フロイトが無意識の活動の特徴として取り出した「圧縮」や「置き換え」や「統辞法の無視」や「情動の混乱」などは、分裂症という現象が典型的にしめしている特徴でもあります。ですから、分裂症が無意識のおこなう情動的な思考であり、神話が無意識のおこなう思考であるとするならば、この二つがとてもよく似た特徴をしめすのも、あたりまえと言えるかもしれません。しかし、そこにある重大な違いを見落とすわけにはいきません。

神話は無意識のおこなう「対称性の論理」の働きにそって、二項操作（二値論理）を動かすことによって、ひとつの思想を語ろうとしています。分裂症の場合にも、二値論理を利用して、無意識の思考そのものを忠実になぞるようにして、その反論理的な情動思考が展開されるのです。どちらも無意識の過程を、社会生活の表面に引き上げてくる働きをしています。ところが、神話に偉大な意義をみいだしてきた社会の人々は、奔放きわまりない神話の語るもののうちにこそ、宇宙の一部分にすぎない人間の位置と意味をしめす真理が語られていると考えてきたのにたいして、分裂症は私たちの合理主義的な社会において（もちろんそこでは表向きには神話の価値などは否定されています）、病理としての扱いを受けて、その症状をしめす人々は病院や施設に隔離されたり、社会生活から排除されているのです。

とうぜんのことながら、神話はいかなる意味でも病理などではありません。それは少なく見積もってもすでに一万年以上もの伝統を持ち、人々の社会生活や精神的成長を助けて、人間をホモ・ファーベル（道具を使う人）以上の存在に高める働きをしてきました。神話は人類のたどってきた困難な行路を正しい方向に導きこそすれ、けっして間違った袋小路に引きずり込んだりはしませんでした。

たしかに近代になってからは、神話が一国民の命運を悲惨な道に踏み迷わせることが何度かあって、そのたびに神話の評価は下落してきたのですが、よく調べてみますと、そういうケースでは、神話の愛好する「対称性の論理」が、近代の国民国家のイデオロギーのために利用されたにすぎないことが、すぐにわかります。私たちが取り上げているような「国家を持たない社会」の人々のもとで、神話は狂信を引き起こすのとは反対に、人々の熱狂をさます知恵の宝袋であり続けてきたのです。

それどころか、非対称性の思考が暴走をおこして、傲慢さにふくれあがった知性の乱用が横行することに歯止めをかけ、自然と人間の関係に致命的な破壊がもたらされることを防いできたのは、ひとえに人々の心に神話が生き続けていたからにほかなりません。神話はむしろ、人類に正気をもたらしてきたのです。その神話と同じように、無意識の働きにナイーブな通路を開いているにすぎない心の持ち主たちは、私たちの社会では病理の扱いを受けて、排除されるのです。

私たちは、あらゆる偏見を乗り越えて、無意識の巨大な大陸に向かって、新しい航海をはじめようではありませんか。フロイトとマルクスのみいだしたものは、まだカリブ諸島の一部にすぎなかったのかもしれません。その向うにはまだ未踏の新大陸が広がっているのかもしれません。そう信じて、濃い霧におおわれた港を出て行こうではありませんか。

第二章

はじめに無意識ありき

早熟なネアンデルタール人

ヨーロッパとオーストラリア大陸でいまから四万年ほど前、バイカル湖周辺のアジアではそれから少し遅れて三万数千年前、今日「現生人類」とも「新人」とも呼ばれている新しいタイプの「ヒト」が旺盛な活動の痕跡を見せはじめるようになりますと、それまで地球上で二〇万年以上も繁栄を続けてきた、発達した「ヒト」であるネアンデルタール人の数は、急速に減っていったと言われています。ネアンデルタール人と現生人類との外見上の違いは、想像されているほど大きくはなさそうで、たとえばネアンデルタール人に背広を着せて、ボルサリーノ帽などをかぶせて、ニューヨークの町中を歩いてもらっても、ふりかえって気づく人はそんなにいないだろうと言う考古学者もいるほどです。

しかし、ネアンデルタール人と新人との間には、おたがいの「心」の構造についていくつもの重要な違いが存在していたようです。まず、ネアンデルタール人の場合には「子供時代」がとても短かったという特徴をあげることができます。発掘された子供のネアンデルタール人の骨を注意深く調べた結果、わずか三歳なのに脳のサイズは新人の成人並の大きさを持ち、臼歯《きゅうし》の発達もとても三歳の幼児とは思えない立派さなのです。ネアンデルタール人の子供たちは、四肢の骨格も頑丈ですし、それについている筋肉もきわめて強靭なのがめだちます（クリストファー・ストリンガー、クライヴ・ギャンブル著『ネアンデルタール人とは誰か』河合信和訳、朝日選書、一九九七年）。

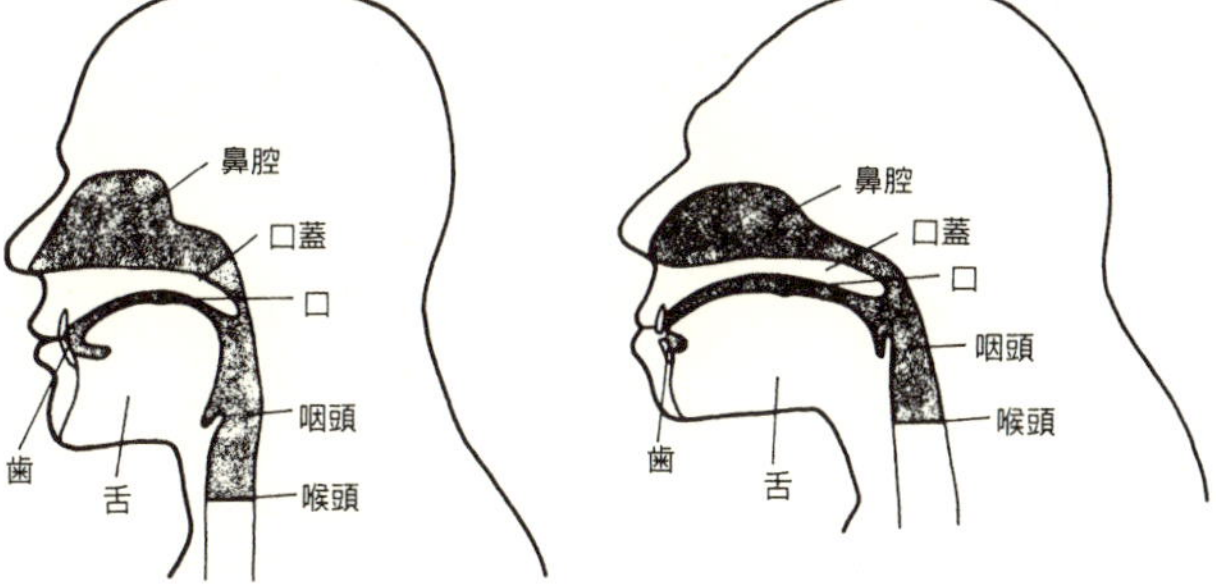

ネアンデルタール人の発声器官（右）と現生人類の発声器官（左）
（クリストファー・ストリンガー、クライヴ・ギャンブル『ネアンデルタール人とは誰か』河合信和訳、朝日新聞社）

私たち現生人類の最大の特徴は、子供時代がほかの動物たちに比べてひじょうに長いという点にあります。ネアンデルタール人よりも妊娠期間が短く（ネアンデルタール人の場合は一年近く母親のお腹の中にいたらしいのです）、未熟なままに生まれてきた現生人類の子供は、そのまま長い期間にわたって母親やそのかわりをする人との、きわめて密着度の高い状態を経験することになります。フロイトの考えでは、この未熟状態の長く続くあいだに、私たちに特有の「無意識」の構造が発達することになります。ところが、ネアンデルタール人の子供は、十分成長した状態で生まれ、短期間の子供時代を過ごしたあと、成人と同じような活動をはじめたのではないか、と考えられているのです。

ネアンデルタール人のしゃべっていた言葉

さらにもうひとつ重要な違いがあります。頭蓋骨の構造の研究から、ネアンデルタール人は現生人類のような言語を話すことはできなかったのではないか、という考えが有力になってきました。図（前ページ）をごらんください。ここには、現生人類とネアンデルタール人の発声器官の違いがしめされています。

音声は喉頭の部分でつくりだされ、口と咽頭の大きさと形を変化させることによって、単語がかたちづくられます。さてこの咽頭の位置が、ネアンデルタール人の場合には現生人類よりもずっと高いところにあるために、発声に制限が加えられます。加えて舌が長く、口の中全体に大きく広がっているために、舌の大きさと形を変化させても口の大きさを変えることはあまりできません。

これにたいして現生人類では喉頭がずっと奥のほうにあるために、広範囲の音声を発声できるようになっています。もっともこのせいで、私たちはしばしば食べ物にむせることになります（赤ん坊のときは喉頭の位置がネアンデルタール人のようにもっと高いところにあるため、おっぱいを飲み、同時に呼吸することもできるのですが、大人になるとさすがにそういう真似はできなくなります）。また長い舌は喉の奥のほうでも形を変えることができるために、複雑な音声を分節できるようにつくられています。

このような状況証拠から考古学者たちは、ネアンデルタール人は舌の大きさと形で口内の大きさを変える「一室性の音声系」のせいで、ゆっくりと、しかも限られた音声しか発声できないという制約を抱えていたに違いない、と推定しているのです（前掲書）。もちろんネアンデルタール人がある程度の体系性をそなえた言語をしゃべっていたことは確実です。しかしその言語は、現生人類が発達させていった言語とは、根本的な違いをもっていたように思われます。

言語の本質を発声器官の構造だけから理解することはできません。それには大脳の組織とそこに生まれる「心」とが、決定的な働きをしています。私にはむしろ、ネアンデルタール人の子供時代がひどく短かったことと、このような「一室性の音声系」しかもたなかったこととのあいだには、なにか深い連関があるように思えます。ネアンデルタール人のしゃべっていた言語は、現生人類のそれに比較して初歩的で単純であったというだけでは、まだ問題の核心には踏み込めていません。

ネアンデルタール人のしゃべっていた言語には「無意識」がなかった——これはちょっと極端な物言いに聞こえるかもしれませんが、無意識というものの本質を探っていくと、どうしてもそれを現生人類の脳組織におこった革命的な変化と、それによってひきおこされた新しい構造をした「心」の発生に、結びつけて考えざるを得なくなるのです。私たちがいま使っている言語は、深く無意識系の活動に根ざしています。基本的な文法の構造から比喩を使った高度な詩的表現にいたるまで、無意識系の活動なしには、私たちの言語というものは考えられません。そしておそらく、現生人類が彼らの言語を使い出したときから、その本質は変わっていないのだと思います。

象徴的思考の痕跡の欠如

ネアンデルタール人は高度な技術的才能を持っていて、すぐれた石器をつくりだすことができましたし、具体的にどんなものかはわかりませんが、意志伝達体系としての言語をしゃべっていたことも間違いありません。それなのに、彼らの世界からは象徴的思考の能力の跡を示すと思われる装飾品も宗教的遺物も、ほとんど残されていません。墓はみつかっています。しかし、それさえも現生人類の影響が感じ取れるほどで、たしかなものではありません（これについては『熊から王へ　カイエ・ソバージュII』を参照してください）。技術的な頭も持ち、言語だってしゃべっていた。それなのに、象徴的思考の痕跡があまりに希薄なのです。

どんな言語でも、言語は差異の体系です。そして言語が自分を組み立てるために使っている差異はと言えば、いちばん基本のところでは「二項操作」にもとづいています。ここから考えると、言語をつかっていたネアンデルタール人は、二項操作で動くコンピュータとしての脳をすでに装備していたわけです。それでも現実の用途から離れた装飾品を考案したり、たくさんの意味を圧縮して詰め込んだ「象徴」をつくったりすることを、この脳はしませんでした。二項操作を精密に作動させ、ゲシュタルト認識にすぐれ（そうでないと、ルヴァロア技法の石器などをつくることは無理だったでしょう）、しかし、新人が得意とする象徴的思考は苦手というネアンデルタール人の脳は、そういう意味ではたしかにノイマン型と言われる現代のコンピュータに、多少似ているところがあるかもしれません。

象徴的思考には無意識の存在が不可欠です。象徴は「圧縮」や「置き換え」によって、いくつもの意味を横断的につなぎあわせていこうとします。このためには、象徴的思考は自分の内部を自由に流れていく流動的な知性（それはあくまでも「知性」でなければなりません）の活動を必要とします。この流動的知性は、たんに情報伝達をおこなったり、石器を切り出したりする作業に必要な知性とは、根本的に異なる性質を持っているはずです。それは、今日の科学技術の教科書に書かれている言語ではなく、ランボーの詩やシェイクスピアの芝居や錬金術の奥義書などで使われている言語のように、意識下の活動と直結していなければならないからです。つまり、それは無意識の活動を必要としています。

無意識が豊かに発達するためには、長い未熟期間が必要です。現実生活への敏捷な対応を求められる環境では、外界の現実からある程度自由になった知性活動の領域が、無意識系として形成される余裕を残しません。ネアンデルタール人の子供たちがすぐに大人に成長をとげてしまっていることから判断するかぎり、彼らには無意識の発達に必要な未熟期間が十分になかったと考えられます。

無意識に支えられていない言語というものを想像してみましょう。その言語には、対象の指示をおこなう豊富な語彙もあります。動かないものと運動しているものの組み合わせでできた世界を記述するために、主語と述語の構造もそなわっているでしょう。ことによるともっと複雑なシンタックスも完備しているかもしれません。しかし、そこにはないものがひとつだけあります。それは詩的な言語です。無意識に支えられていない言語には、詩的なるものは生まれようがないからです。

認知考古学の魅力的な仮説

私たちはこれまで、「認知考古学 Cognitive Archeology」の最近の発達に着目してきました。神話的思考の本質を考えるために、そこからの視点がどうしても必要だったからですが、そこにはまだ「無意識」の問題は、本格的に導入されてきませんでした。しかし神話的思考の本質をつくっている対称性の論理が、無意識系の活動に直接結びついていることがあきらかになってきたいま、私たちは認知考古学に無意識の概念を導入するという試みに取り組んでみる必要があります。これは、認知考古学そのものを一新する可能性をひめているように、私には思われます。

現生人類の「心」がどのようにしてつくられてきたのかという問題について、認知論的な考古学はつぎのような考え方を提出してきました（これについては、この講義シリーズの第一巻、第二巻にも触れられていますから、そちらのほうも参考にしてください）。四万年から三万年ほど前、氷河期末期のヨーロッパに出現した現生人類（新人）は、まだ旧石器を使用していましたが、すでに洞窟で宗教的な祭儀をおこない、その壁にヘラジカやバイソンを表現した高度な具象絵画を残し、あきらかに象徴的な意味を含んでいると思えるたくさんのテラコッタ像や彫像をつくりはじめました。技術的にはそれまで有力だったヒトであるネアンデルタール人と比べてそれほどの断絶をみせない彼らが、こと象徴的な表現にかんするかぎり、革命的な飛躍をとげた新しいタイプのヒトであることはあきらかでした。

なぜこのような変化が生まれたのか？　認知考古学はその理由を、現生人類の脳の組織におこった革命的な変化にもとめようとしています。すでに言語を使い、すぐれた技術能力をもったネアンデルタール人の脳を、彼らはいくつもの小部屋に分かれて設置されたコンピュータが、それぞれ独立に作動している状態に喩えようとしました。それぞれのコンピュータは言語的領域、社会的領域、技術的領域、博物的領域などに分かれて、各部屋で特化された活動をおこないますが、小部屋のあいだに連絡通路がないために、おたがいの思考を横断的に結ぶことができないでいます。こういう状態であるために、技術や狩猟や植物利用などの分野ではなかなか高度な達成を実現しながらも、ネアンデルタール人は象徴的思考をつくりださなかったのです。
なぜなら、象徴的思考が動き出すためには、異質な領域を横断的に結んでいく神経組織の通路と、その中を高速度で移動できる「流動的知性」の発生がなければならないからです。そして、まさにその横断的な通路と流動的知性の発生こそ、現生人類の脳組織におこった革命的な変化の本質をあらわすものだ、と考古学者たちは考えました。さきほどの比喩で言えば、それぞれの小部屋を隔てる隔壁がこわされて、特化した機能を果たしてきたコンピュータ相互のあいだをつなぐ新しい回路が、ニューロン接続の組み換えによって実現され、その回路をとおして異質な領域を横断していく流動的な知性が動き始め、中央ホールのような場所に、特化された機能をもつコンピュータ群の働きを統御する、汎用型コンピュータがつくられるようになったわけです。

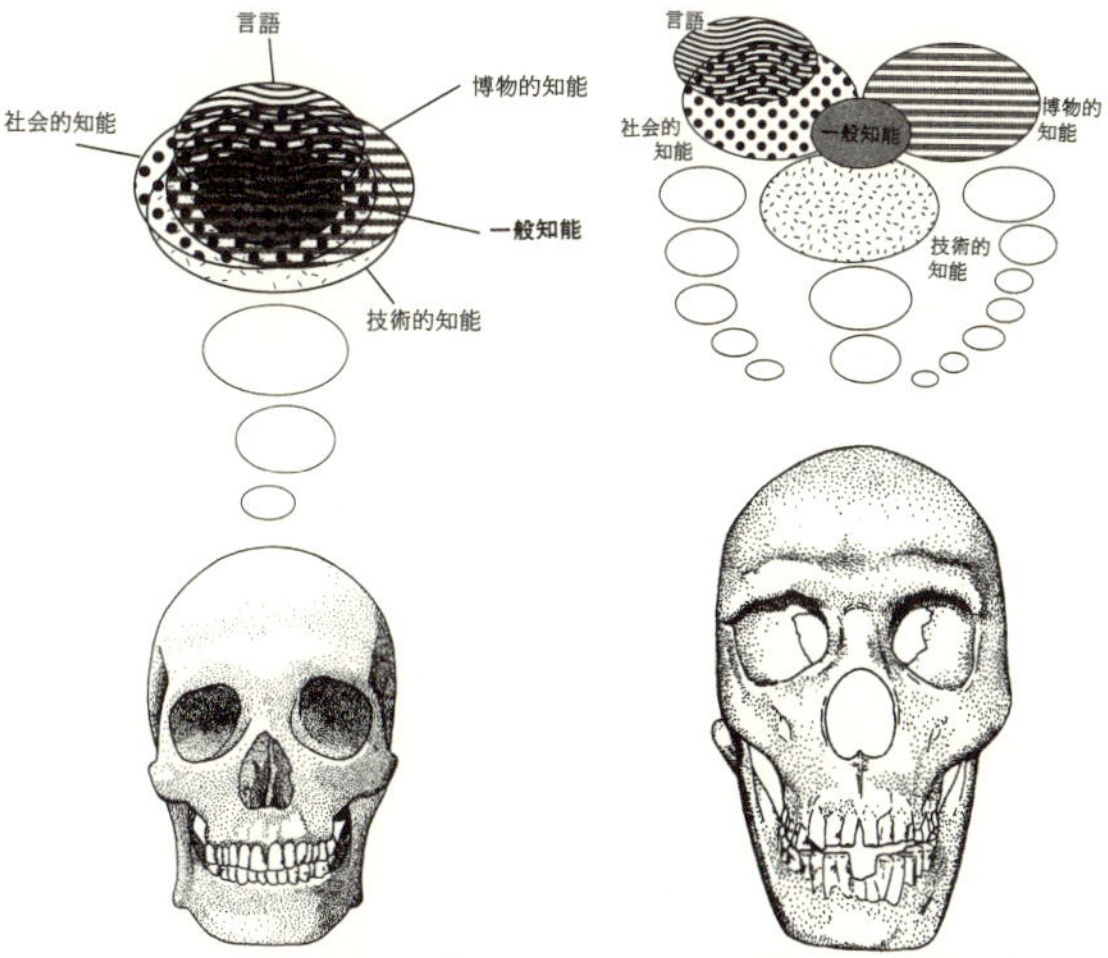

ネアンデルタール人の心の構造（右）と現生人類の心の構造（左）
（スティーヴン・ミズン『心の先史時代』松浦俊輔、牧野美佐緒訳、青土社）

こうすると、いままで動物についての知識はそこだけ、人間の社会的関係についての知識はここだけというふうに分離されていた知識がひとつに結合されて、たとえば「かつて人間と熊は結婚しあう姻戚同士だった」というような、神話的思考が生まれてくるようになります。いくつもの意味領域を重ね合わす「比喩」や「象徴」の表現も、そこから発生してきます。詩をつくり、宗教を持ち、芸術を創造し、科学的発見をおこなう私たちの「心」はこうして、脳に発生した流動的知性の働きをとおして形成されてきたのだ、と認知考古学は考えるのです。

いままで哲学も人類学も、現生人類の象徴能力形成の秘密にたいして、これほど明快な説明を与えたことがありません。唯一の例外はベルクソンやテイヤール・ド・シャルダンの思想でしょう。がしかし、彼らが研究していた時代には古生物学や大脳科学は、まだ今日のような発展をとげていませんでしたので、おのずと限界がありました。その意味でも、これはとても興味深い魅力的な仮説だと思います。

認知考古学に無意識を導入する

しかし私には、このような考えは不十分なもので、まだことの真相にはたどりついていない、と思えるのです。それはこの認知論的な考え方が、知性というものの働きを均質なものととらえていて、そこにフロイトやレヴィ＝ストロース的な「無意識」が導入されていないために、頭で地面に立つ逆立ちした理論のようになっているからです。認知考古学の考えでは、ひとつの知性領域と別の知性領域のあいだに通路ができて、ふたつの領域が重ね合わさると、「喩」的な象徴表現が生まれる、ということになっていますが、私たちがすでに見てきたように、じっさいに私たちの「心」でおこっている象徴表現は、そんなふうにはできていません。じっさいには逆の過程がおきているのです。

象徴的思考では、意味の圧縮や置き換えがおこっています。これを三次元的に構成された現実の視点から見れば、たしかに認知科学の言うように、異なる意味同士のあいだに通路が開かれて、意味の重ね合わせがおこる、と理解することもできます。しかしここに「無意識」の概念を導入すると、事態は一変してしまいます。

無意識は高次元的なありたちを持ち、通常のアリストテレス型論理を破壊するような「対称性の論理」で動いていきます。またそこには情動の動きも巻きこまれています。そのために、「人間と熊はかつて兄弟だった」と語る神話を聞くだけで、胸の奥から不思議な感動までこみあげてきます。そして、高次元的な無意識が語ろうとするものを、三次元的な現実の世界の論理に適合させようとすると、どうしても圧縮や置き換えされた表現が出てくることになります。ですから、三次元的な世界の論理を重ね合わせれば「喩」や「象徴」が生まれてくるのではなく、高次元的な無意識が三次元的な論理のグリッドにぶつかるたびごとに、そこに圧縮や置き換えをほどこされた「喩」や「象徴」が出現してくることになるわけです。

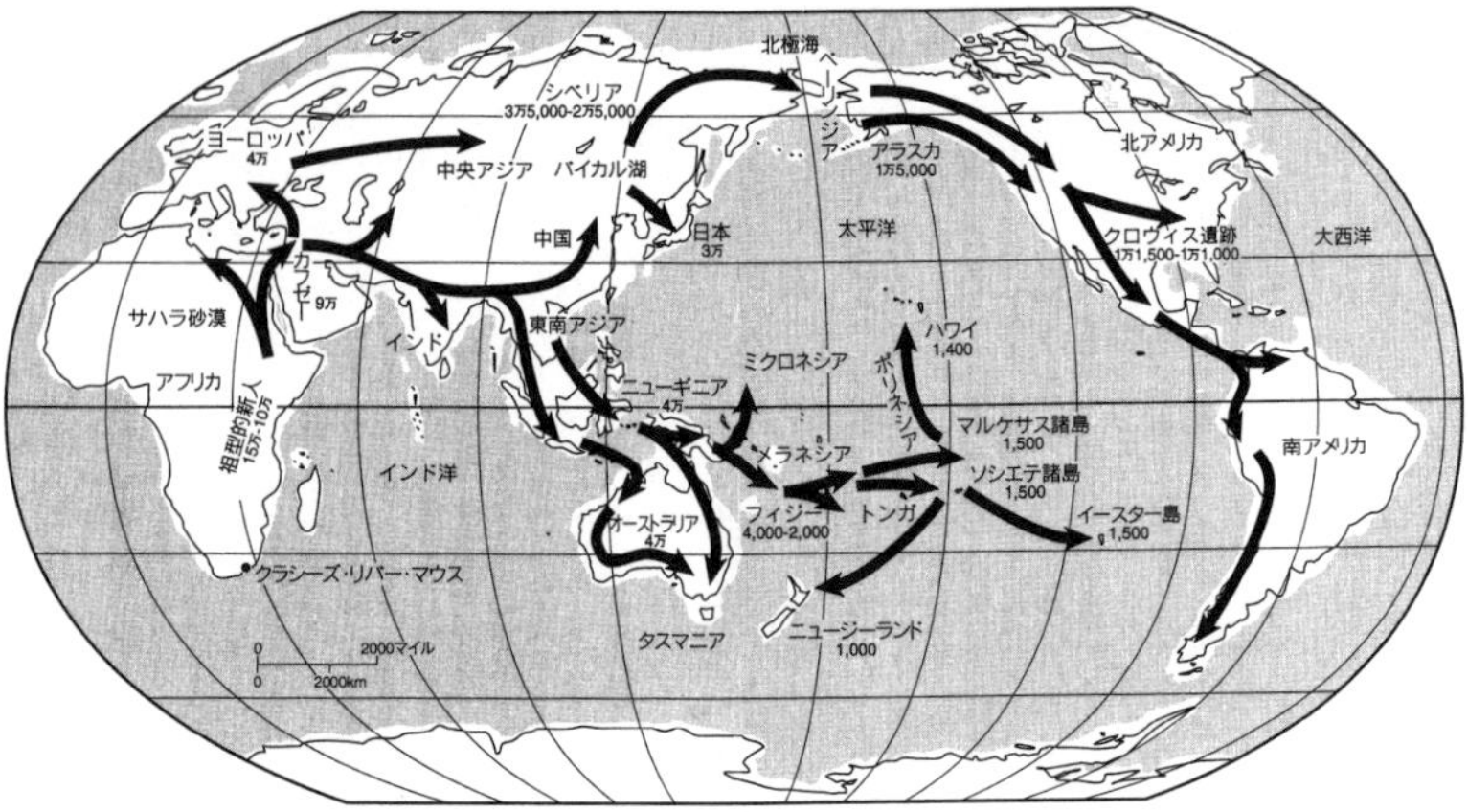

現生人類の移動の模式図
新人が初めて住みついた大体の年代を示してある（数字は～年前）
（クリストファー・ストリンガー、クライヴ・ギャンブル『ネアンデルタール人とは誰か』河合信和訳、朝日新聞社）

くつがえされる仮説

したがって、現生人類の「心」がどのようにしてつくられてきたのかをめぐる認知考古学の仮説は、つぎのような形に「くつがえされ」なければなりません。

●数万年前に（現生人類の原型的な先祖がアフリカを出たのがほぼ一〇万年前、それがコーカサスに出現するのが九万年前、さらに旅を続けてヨーロッパとオーストラリア大陸に「完成型」として出現するのが四万年前、遠くシベリアを越えてバイカル湖の周辺に姿をあらわすのが三万数千年前、と現在では推定されています）、私たちの直接の先祖である現生人類の大脳におこったニューロンの接合様式の革命的な組み換えによって、それぞれの領域で特化して発達していた認知領域を横断的につないでいく通路が形成され、そこで流動的な知性が運動を開始した。

●そのとき出現した流動的知性は、しかしそれまで各認知領域に特化された活動をおこなっていたときのような、三次元的な構成をしていない。技術的領域、社会的領域、博物的領域などに特化されて発達していた知性は、現実の環境でおこなわれる活動に適応できるように、三次元的な構成を持つように「進化」してきた。ところが、このような限界づけから解放された流動的知性は、たちまち本来の性質である高次元性を回復したうえで、横断的に形成されたニューロン組織の中を、自在に動き回るようになった。

●つまり、現生人類の新しいタイプの大脳の中で活動を開始し、「現生人類の心」の本質をかたちづくるおおもとは、高次元のなりたちを持つ流動的知性にほかならない。この流動的知性は「対称性の論理」にしたがって活動する。そこには過去─現在─未来へと一方向的に進んでいく矢のような「時制」が欠如しているし、ものごとを分離するのではなく、ものごとのあいだに同質性をみいだしていく働きをする。そのために部分と全体が一致する「全体的《ホーリスティック》」な思考が展開される。

●高次元のなりたちをした流動的知性の活動は、たえまなく三次元的な構成をした通常の論理への「翻訳」がおこなわれていく。次元数を下げて、ふつうの思考にも理解のしやすい形へ「翻訳」されるたびに、そこには圧縮や置き換えの現象がおきることになる。夢はそうやって製造される。象徴的思考も同じプロセスを利用してつくられる。

どうでしょう。ここにあげられた「高次元のなりたちをした流動的知性」と言われているものこそ、フロイトが「無意識 Unconscious」と呼んで、「意識 Conscious」から区別しようとしたものにほかなりません。こういう私たちの考えが正しいとすると、現生人類とははじめて無意識を持ってこの地上に出現したヒトである、と定義することができるでしょう。現生人類の「心」の本質をかたちづくっているもの、それは無意識なのです。早熟で幼少時から現実的でなければならなかった、ネアンデルタール人の「心」にはかたちづくられなかったものを、未熟な状態で生まれいつまでも自分を養ってくれるものの胸から離れようとしなかった現生人類だけが、無意識系を発達させた「心」として持つことができたとも言えるでしょう。

こうして、ヨーロッパに出現した現生人類の「心」の活動が跡を残すラスコー洞窟の中に、私たちはぜひともフロイトをお迎えしたいと思うわけです。現生人類の「心」がここで初期の爆発的な表現を獲得したのですが、その「心」とはフロイトが近代人の中に発見した「無意識」の、無垢の輝きをたたえた原石の状態にほかならないのです。

フロイトを越えて

フロイトは病理的な現象の研究をとおして、無意識の働きを発見しました。文字を持たない社会、国家を持たない社会では、神話や儀礼や宗教をとおして、この無意識の働きは社会の表面でおおいに活躍しています。ところが、非対称性の論理に支配された制度が発達しすぎたヨーロッパの近代社会では、無意識の働きは人格や社会の表面にはあらわれてこないように仕組まれています。そこではは じめから無意識は「抑圧されたもの」としてしか、出会うことはできません。

そこでフロイトも無意識を「心」の中の抑圧された部分として、理解しようとしました。圧縮や置き換えのプロセスのことを、フロイトは「一次過程」と呼んで、正確な理解をほどこしています。ところがその一次過程は、言語のような二次過程が子供の心に形成されてくると、夢や言い間違いのような形でしか人格の表面にあらわれてこない、抑圧された部分に押し込められてしまいます。このように無意識はつねに、抑圧と結びついて考えられました。

しかし、無意識をすぐに抑圧と結びつけるこのような考えは、間違っています。無意識は私たち現生人類の「心」の基体なのです。それは高次元の流動的知性として、二次過程がかたちづくられるよりもずっと以前から活動をはじめ、私たちの「心」にそののちつくられるすべての仕組みは、この無意識の基体を素材にしています。その意味では、この高次元の流動的知性を「無意識」などと呼ぶこと自体が、そもそも間違っているのかもしれません。じっさい仏教のような思想伝統では、それは「無意識＝意識がないもの」とは言われずに、いっさいの心的現象の基体をなす「心そのもの＝心性」と呼ばれて、覚醒の種子はそこに蒔かれると説かれているほどです（このことは第五章の主題となります）。

私たちはこれからも、それを使うと便利だというだけの理由で、あいかわらず「無意識」という言葉を使うことにしますが、そこには抑圧された心的内容というような否定的な意味は、まったく含まれていません。それどころか、私たちがこれから頻繁に使う「無意識」は、対称性の論理によって動く高次元の流動的知性として、まったく肯定的な意味しか持っていません。フロイト主義の頑なさをくつがえす大胆な冒険を開始したドゥルーズ＝ガタリの『アンチ・オイディプス』の開いた道を、もっと先のほうにまで開削を進めていく義務が、私たちにはあります。思想における戦士の意志は、誰かが受け継いでいかなければならないからです。

無意識は言語を構成する

無意識こそが、現生人類の大脳に実現された新しいタイプのニューロンの接合様式によって、はじめて可能になった心的現象なのです。それは高次元の流動的知性として、現実に適応したさまざまな知性領域には縛られない、自由な活動をおこなうようになりました。つまり、人間はこのとき、外界の物質的な世界からの自由を、無意識系の成立という形で実現したのだとも言えます。この意味でも、「心」の現象を物質的な過程に還元しようとする、さまざまなかたちの俗流な「唯物論」などは、この時点ですでに不可能を宣告されてしまっているとも言えるのではないでしょうか。無意識を持つことによって、私たちの心は現実から自由であることも可能になったのです。

流動的知性である無意識のしめす特徴的な運動が、意識の働きを生み出す言語の構造と、とてもよく似たところを持っていることは、言語学者によって早くから気づかれていました。フロイトが夢の研究をとおしてあきらかにしたように、無意識は柔軟に形を変えていく液状の流動体のように、ある部分では密度を高めて「圧縮」をおこなったり、するすると別の場所にエネルギーを移動させてしまう「置き換え」を、いともたやすくやってのけます。言語学者たちは、この圧縮と置き換えが、それぞれ「比喩」の種類である「メタファー（隠喩）」と「メトニミー（換喩）」に、正確に対応していることを、鋭くかぎつけていました。

ここからロマン・ヤコブソンなどはもっと大胆な思考を展開して、「メタファー」は言語構造のうちの「パラディグマ軸」に対応し、「メトニミー」は「シンタグマ軸」に対応すると考えたのですが、そうすると意識的な言語の構造と無意識系の運動傾向とは、深いつながりを持っていると結論せざるを得なくなってくるでしょう。

言語構造：	シンタグマ軸	パラディグマ軸
意識系：	メトニミー（換喩）	メタファー（隠喩）
無意識の運動：	置き換え	圧縮

この関係はいったい何を意味しているのかというと、現生人類の言語においては、無意識の側から自律的な運動をとおして突き上げてくる「みずからを構成しつつある秩序」と、できあがった言語体系として「すでに構成された秩序」とが、おたがいを規定しあい、せめぎあいを演じている場所に、具体的な言葉は語りだされているということだと思います。流動的な無意識に内在する運動傾向が、言語の構造を押し上げているとも言えるし、言語の構造が無意識に影響をおよぼして、その運動傾

向を決定しているのだとも言えます。いずれにしても、現生人類の言語はただの「体系《システム》」としては作動していない、かならずシステムの動きには無意識が強い影響をおよぼしている、ということです。こういうことは、おそらくネアンデルタール人の心にはおこらなかったのではないでしょうか。

言語の内部にみいだされるこの二重性は、それ以後人類の生み出すあらゆる制度の本質を決定することになっていきます。たとえば、権力の問題を考えてみてもそうです。労働者のストライキや革命運動やクーデターなどによって、ひとつの権力が自力で自分をつくりだそうとする一方で、制度的な秩序を支える法律の体系は、権力をすでに構成されてしまったものとして維持しようとするでしょう。下のほうから突き上げてくる「みずからを構成しつつある秩序」と、すでに出来上がった秩序として上のほうから人々の動きを規定している「すでに構成された秩序」とのせめぎあいの中から、近代の歴史などはつくられてきましたが、ここでも言語の深層構造にみられるのと同じ二重性を認めることができます。

現生人類の大脳の組織におこった革命的な変化によって生み出されたものは、ほかならぬ無意識系なのであって、情報伝達のための体系としての言語構造などではなかった——こう考えると世界の様相は一変してくるでしょう。情報伝達体系としての言語などは、すでにネアンデルタール人の知性として、単純ではあってもすでに完成の域に達していたはずです。流動的知性の生み出す無意識系が誕生することによって、ヒトのおこなう言語活動は根本的な変質を体験することになりました。それは三次元的に構成された外界の現実から自由になった、私たちのよく知っているこの「心」をつくりだしてきたのです。

バイロジック（複論理）で動く私たちの心

こうして私たちはしだいに、人間の「心」というものが、たとえば論理性のようなひとつの原理で働いているのではなく、むしろ論理性を停止させたり制限を加えたりするもうひとつ別の原理と一緒になって動いている、という見方に近づいてきたように思えます。つまり、非対称性の原理と対称性の原理とが一緒になって、人間の「心」をつくっているように見えるのです。ここで言われている対称性の原理は、無意識の働きを特徴づけるものです。この原理は現代人の社会ではもはや主導的なものではなく、芸術やエンタテインメントの限られた領域での活動や心の病理としての扱いを受けることが多いのですが、現生人類の「心」の基体をつくるものとして、今だってそれなしでは私たちが人間であることとさえ不可能にしてしまう、決定的な重要性を持っています。

精神科医のマッテ・ブランコは、分裂症の観察をとおして、私たちの見解とよく似たつぎのような人間についての「新しい原理」を提出しています（前掲論文）。

I　人間のうちには、同質的で不可分の現実もしくは全体であるかのように現実を見えるものとして特徴づけることのできる心的な存在様式がある。この同質的で不可分の全体は、それが自己と非自己を区別しないという事実によっても示される。いいかえれば、それ自身の本性のため、そうした区別はなされえない。こうして、自己と他のあらゆる人間は同じひとつのものであり、個体はまったく存在しない。このような心的存在様式を「同質的で不可分の全体」と呼ぶことができる。

II　人間のうちには、全現実（その存在様式自身の現実も含む）を、分割不能であるかのように、もしくは諸部分からなるかのようにあつかったり、思い描いたり、「眺めたり」、「生きる」ものとして記述もしくは特徴づけることのできる心的存在様式がある。この様式を「分割し不均質にする存在様式」と呼べる。

III　人間のあらゆる心的現象は、二つの存在様式のあいだの相互作用、協同作用などから生じた結果である。

ちょっと難しい言い方をしているようですが、語られていることはすっきりしています。

Iの原理は対称性や一般化や部分と全体の一致といった、無意識系のふるまいと密接に結びついた心の存在様式をあらわしています。これにたいして、あるものごとを見たときにそこに諸部分をひとつにつないでいる同質性を発見するのではなく、諸部分に分割し、全体を不均質なものとしている方にばかり関心がいくという心的な存在様式は、非対称性の原理と堅く結びあっています。

そして、ここで主張されているように、人間の心はこの二つの存在様式が同時作用をおこなう「バイロジック」として出来上がっています。そのために、ものごとを分割し不均質にする現実的な非対称的思考が働いているときにも、その底にはいつも対称的思考が通奏低音のように流れながら、相互に影響を及ぼしあっているわけです。

狩猟民の心は対称性と非対称性のあいだを揺れる

しかしそれにしても、現代人の心的現象のうちに対称性の原理のはっきりとしたあらわれをつかみだすためには、精神科医は分裂症のような現象のうちに踏み込んでいく必要があるのですが、神話が大手をふって語られているような社会では、対称性の思考と非対称性の思考とはほとんど対等な立場で拮抗しあっている様子を見ることができます。つぎの一例はカナダの大森林地帯に生きる狩猟民の語る話を、そのまま正確に記録したものですが、狩猟民の「心」の存在様式をこれほど赤裸々な形で示しているものも少ないだろうと、以前から人類学者に注目されてきた資料です。

「戻ってきた夢」（ミスタッシュ・インディアン）

おれは、たくさんの人びとが正夢を見たという話を聞いている。おれ自身も、たくさんの夢を見ている。おれが見た夢の一つを話して聞かせよう。この夢は、妻が死ぬ前の一月の早いときに見た。おれは、この女とは永いあいだ連れ添ってきた。

おれたちは海岸に出かけていた。狩りを了えて、ちょうどウィグワムへ戻ってきたところだった。その晩、おれは一人の女の夢を見た、女の夢を見たのさ。狩りに出たとき、おれはシャコを捕ろうとして、ときどき罠へ行く小道から逸れて歩いたものだ。しょっちゅう、そうしたものだ。夢のなかで、おれはそれをやっていた。回り道をして、木立のなかへ入ってゆく夢を見たのだ。ふらふら彷徨《さまよ》ったあげく、ある女のところに着いた夢を見た。その女はウィグワムのなかに坐っていたと思ったのだが、夢のなかでは、ウィグワムのなかにいたかどうかはっきりしない。女はとても年取って見えた。二人の子供がいた。その女を見たとき、おれはあまりいい気持ちがしなかった。その女を可哀そうに思った。おれは夢で、女に話しかけることができなかった。それから、死んだ子供たちの一人の夢を見た。夢のなかで、女は母親と一緒だった。おれは夢について考え、「たぶん、おれは大きな獲物の夢を見ていたのだろう」と思った。おれはこの夢の話を妻にしなかった。最後に、おれは夢から覚めた。

起きたとき、おれはこの夢のことを、妻にも他の誰にも話さなかった。

この地域にはテンはいない。ミンクを罠にかけるだけだ。おれはミンク捕りの罠をかけた。兎もたくさんいる。おれの長男のアルバートは、その頃、一人前の男だった。おれが遠くへ罠をかけに行くときは、ついてくる慣わしだった。おれの次男も狩りをよくした。妻が産んだ子供たちのうち、おれには二人の息子と一人の娘が生き残っているだけだ。

アルバートとおれは、狐捕りの罠を調べて歩いていた。もう一人の息子は、母親と一緒に兎捕りの罠を調べて歩いていた。狐捕りの罠を調べたのは二月五日だった。罠をかけたところは、キャンプからずっと遠かった。おれは銃を持ち歩いていた。ちょっとでもシャコを見つけたら撃とうと思って、銃は装塡したままだった。その銃は六発撃つことができた。歩いているうちに、おれはシャコを一羽撃ったので、五発残っていた。おれはつぎの狐の罠を調べた。

それから、おれたちは休んで、焚き火をした。よく晴れた日で、かすかに風があった。食べているときに、おれは奇妙な感じがした。その感じは、おれに歩き続けてもらいたいと言っているようだった。おれは無性に歩きたくなった。すぐにおれは手廻り品を纏め、息子を連れずに旅に出た。湖に着いて、それを渡った。前の晩は大雪だった。湖の真ん中まで来ると、人の足跡を見つけた。おれはそれを気にかけなかった。それから、ちょうど前の晩に大雪が降ったことを思い出した。それが人の足跡だと知ったとき、まず妻のことが頭に浮かんだ。足跡に近づくにつれ、おれはそれが人間の足跡ではないと知った。足跡を追ってゆくうちに、やがて別の足跡を見つけた。そこでおれは、それが北極熊の足跡だと知った。おれはその跡をつけていくことに決めた。足跡は海岸に向かって川の方に続いていた。熊が向かっている場所に非常に近い海辺にかけた狐罠を調べに、息子は行っていた。おれは、おれが熊に追いつく前に、そいつが息子の所に着くだろうと思った。おれは、もし熊が森のなかを歩いていったら、たぶんそいつを殺せると思った。跡をつけていくうちに、間もなく息子のアルバートの足跡を見つけた。彼の足跡は内陸に戻ろうとしていた。それから、熊の足跡が息子の歩いていくのと同じ方向に向かっていることを知った。

熊は彼の跡をつけていた。おれは、息子が足が速く、焚き火をしたことがないのを知っていた。狐罠の一つに近づいたとき、罠のところに熊が見えた。やがて熊は別の湖の方へ歩き出した。熊は湖を渡ろうとしていた。子熊が二頭、母熊についていた。ときどき彼女は振り返って、おれを見たりした。熊が湖を渡る寸前、また息子のアルバートの足跡を見つけた。熊は森に向かって駆け出した。おれは跡を追い続け、銃をすぐにも撃てるようにした。熊は木が何本か倒れている所へ行こうとしていた。おれは後を追った。彼女に茂みのもっと奥へ行かせたくなかったのだ。おれはほんの少ししか弾丸を——弾薬——を持ってきていなかった。彼女が襲ってきたとき、斧を振るうのは嫌だなと思って、おれは彼女を撃った。どうせ遠くまで歩けまいと思って、片目を撃った。そうすれば、またどこかで撃てるだろう。もし熊に語りかけたら熊は人の言うことが分かるだろうと部族の者は信じていたので、おれは熊に訊ねた、「おまえさんは何をしようとしているんだい?」。

すると熊は歩き出し、少し引き返した。おれは倒木がたくさんある辺りまで行った。熊は子熊を連れて歩き出した。おれはそれを見ていた。母熊は動いていなかった。子熊たちは見えなかった。彼女をまた撃ったので、銃には弾丸が一発しか残っていなかった。撃ったとき、熊はそれほど遠くにはいなかった。おれは手廻り品の袋をそこに残し、斧だけを持った。母熊は歩き出した。おれは見透しのよくきく草地までつけていった。おれの息子は若かったとき、とても背が低かった。狩りに出たときは、彼に元気を出せと言ったものだ。熊は(背の低い息子がやったように）草地で跳ねていた。おれは熊に言った、「アルバート、どうしておまえはおれを残して行くんだ？」。熊は坐り込んだ。傍に寄ると、おれをじっと見た。おれは熊のすぐ近くにいたが、彼女はほとんど動こうとしなかった。突然、おれは彼女にたいして悪いことをしたと思った。彼女をどうしようとしているのかと、変な気持ちになった。おれは丈夫な綱を持ってきていなかった。紐は持っていたが、弱かったので、それで彼女を引きずったら切れてしまうだろうと思った。おれは銃を使うことに決め、彼女のちょうど腋の下を撃った。

彼女のところへ行った。大きなエスキモー犬くらいの大きさだった。おれは彼女を雪のなかに埋め、木の枝で覆った。息子のところへ戻ると、彼は焚き火をしていて、「たくさん肉が獲れましたか？」と言った。食べ終わった後、おれは熊のところへ通じる小道を作った。もう一つ、火を焚いた。それから、この小道を戻り、他の罠のところに通じる小道を歩いていった。ようやく家に戻ると、おれは熊を殺したとみんなに言った。おれは、母熊を母に、小さな子熊たちを息子にやった。それで、この話は、おれがついに見た夢を、自分が見た夢を話したときのことだが、おれは言ったんだ、「二人の子供をもった女がいた。夢のなかでおれは彼女とその子供たちのところへ行ったんだが、そのときは木立のなかを歩いていた。彼女は二人の子供をもっていた。彼女の動きはとても変だった。おれは彼女を見ると、とても不安になった。それから妻の夢を見はじめた。そこで目が覚めた」。父が言った、「おまえの夢は、おまえが熊と子熊を殺そうとしていたということだ」。おれはこの夢を本当に信じている。

その同じ月に、おれの妻は死んだ。彼女が死んだとき、夢はおれに戻ってきたのだ。

（ハワード・ノーマン編『エスキモーの民話』、原題 *Northern Tales*、松田幸雄訳、青土社）

夢と現実がスムーズに入れ替わりながら、この狩猟民の思考は構成されています。あるときは優れた猟師として、現実世界の原則にあわせながら、「分割し不均質にする」思考を鋭く働かせながら（そこでは熊はなんといっても狩猟の対象であり、彼の敵にちがいありません）森を移動していく彼の心に、なんの前触れもなく対称性の論理で動く時間感覚や空間様式が入り込んできて、そのときには人間と熊のあいだには同質的で対称的なつながりが発生しています。猟師は夢のお告げを信じています。夢が見せてくれた未来の光景、そこには時間の系列や動物と人間の区別もない世界なのですが、この対称性の論理で動く無意識が前もって見せてくれた「ものごとの全体性としての意味」を、この猟師は現実の出来事との協同作用として理解しようとしています。

夢のお告げや虫の知らせなどを信じていた私たちの先祖たちは、みんな多かれ少なかれ、この猟師と同じような思考様式を生きていたものです。いわゆる「シックス・センス」は、バイロジックとしてつくられた私たちの心の本質的な部分に触れている能力なのですから、どんなに科学的思考が支配的になった世の中でも、それを安易に否定することはできません。ましてや、「対称性の社会」において、人々がしばしばシュールレアリストのようなふるまいをしていたからといって、それを不思議がるほうがどうかしているのではないでしょうか。逆に言えば、私たちの社会のほうが、現生人類としては「どうかしている」のです。はじめに対称性の無意識ありき。来るべき時代のための福音書は、そのように語り出されなければならないでしょう。

第三章

〈一〉の魔力

対称性の学問としての民俗学

　民俗学者の折口信夫《おりくちしのぶ》はつねづね、人の知性には「類化性能」と「別化性能」という、ふたつの異なる傾向があり、自分はどうやら類化性能ばかりが異常に発達しているために、古代人の思考のことがよくわかるのだというようなことを、弟子たちに語っていたようです。ここで「別化性能」と言われているのは、ものごとの違いを鋭く認識して、それらを分離しておこうとする知的傾向のことをさしています。これにたいして「類化性能」は、表面的には違って見えるもののあいだに、共通性や同質性をみいだして、それらをひとつのものとしてとらえようとする傾向です。

　あきらかに類化性能は、私たちの言葉で言いかえれば「対称性」の思考に関係があり、別化性能とは「非対称性」の思考に深いつながりがあります。折口信夫は驚異的なアナロジー思考の力を駆使して、宗教や芸能の複雑な現象の内部に、つぎつぎと隠された連関を探り当てていきました。折口信夫自身が「生きた神話的思考」のような人だったのですが、自分の知性が対称性の思考に深く支配されていればこそ、ふつうの

折口信夫（『折口信夫の世界』岩崎美術社）

人には真似のできないそんな芸当も可能なのだということを、はっきり自覚していた様子なのです。

南方熊楠《みなかたくまぐす》は折口信夫とは違うタイプの人格の持ち主でしたが、こと思考構造にかんする限り、この人もやはり強烈な対称性の人でした。南方熊楠は生物学者として「粘菌」という不思議な生物に魅了されていました。

南方熊楠（右端、熊野採集の途上）
(『南方熊楠全集３』平凡社)

この生物は環境が乾燥しているとカビのような植物の形態をとって、あたりに胞子を飛ばして繁殖しようとするのですが、雨が多く降って湿気が高くなると、胞子の中からアメーバ状の姿をあらわすのです。そして多数のアメーバが集まって肉眼でもみれるような集合体をつくると、まったく動物がするようにズルズルと湿った木の幹などを移動しては、ほかの生物を捕食して食べるようになるという、まったく奇妙な生物なのでした。

遍在する対称性

南方熊楠がこういう粘菌に異常な関心を示したのは、彼があらゆる領域で高次元な対称性の現象を発見しようとしていたからです。彼の考えでは、生と死を分離して考えるのはひとつの妄想であり、生と死のあいだには同質性と対称性があるはずなのでした。そのことを彼は、つぎのような面白い言い方で表現しています。

ちょうど小生粘菌を鏡検しおりしゆえ、それを示して、『涅槃経』に、この陰滅する時かの陰続いて生ず、灯生じて暗滅し、灯滅して闇生ずるがごとし、とあり、そのごとく有罪の人が死に瀕しおると地獄には地獄の衆生が一人生まるると期待する。その人また気力をとり戻すと、地獄の方では今生まれかかった地獄の子が難産で流死しそうだとわめく。いよいよその人死して眷属の人々が哭き出すと、地獄ではまず無事で生まれたといきまく。(……)

故に、人が見て原形体といい、無形のつまらぬ痰《たん》様の半流動体と蔑視さるるその原形体が活物で、後日繁殖の胞子を護るだけの粘菌は実は死物なり。死物を見て粘菌が生えたと言って活物と見、活物を見て何の分職もなきゆえ、原形体は死物同然と思う人間の見解がまるで間違いおる。(……)今もニューギニア等の土蕃は死を哀れむべきこととせず、人間が卑下の現世を脱して微妙高尚の未来世に生するの一段階にすぎずとするも、むやみに笑うべきでない(『南方熊楠男色談義――岩田準一往復書簡』八坂書房)。

それと同じように、動物と植物のあいだにも、対称性が存在していなければならないと南方熊楠は考えました。あるときは動物のように行動しながら、またあるときは植物になりすますことのできる生物をみいだすことができれば、生物の世界に分化や不均質が発生する以前の、動物と植物とが自由にたがいの存在を行き来している、高次元の領域を発見することができるにちがいないと信じて、南方熊楠は粘菌の研究に没頭していました。そのとき彼の知性は、人と熊が自由にたがいの存在を行き来できた頃のことを語ろうとする、神話の思考と同じような情熱に突き動かされていたのでしょう。南方熊楠という人も、折口信夫と同じ強烈な「対称性の思考」を生きる巨人だったと言えましょう。

南方熊楠が発見した粘菌ミナカテルラ・ロンギフィラ（G．リスターの書簡より）
（『南方熊楠全集３』平凡社）

どうもその人の心的傾向において対称性論理の活動が活発な人ほど、神話学とか民俗学とか人類学のような学問に惹かれるという傾向があるのではないか、と私などは勘ぐっているほどです。つまり、マッテ・ブランコ風に言えば分裂症的な心的傾向をもった人々が、よりいっそうそういう学問に惹かれやすいと言えるのではないでしょうか。そういう学問が二〇世紀のはじめ頃のヨーロッパなどの産業先進国で急速な発達を見たという事実には、分裂症的な本質を持つ資本主義の現代的な発達のプロセスとのあいだの、何か奥深い関係が暗示されているかもしれませんね。

対称性／非対称性からとらえ直された贈与と交換

しかしそうは言っても、資本主義自体は非対称性の論理の典型と言ってもよい「交換」の原理を基礎として作動しています。それなのに、深層において資本主義は分裂症的な性質をあらわに示していますす。そこではあらゆるタイプの社会的ヒエラルヒーが破壊されたり、著しい変質を余儀なくされます。これまでの世界秩序をつくってきた国家でさえ、資本の流動体があたらしく生みだそうとしているグローバル・ネットワークの前で、無効を宣告されることさえしばしばです。つまり、どうやら資本主義という経済システムの内部では、対称性の原理と非対称性の原理とがバイロジック的な協同作業をおこなうことによって、複雑な機構の全体を作動させているように思えるのです。

これはとても巨大で複雑な問題です。しかしアタック不能な問題ではありません。私たちはこの問題にアタックしていくための二つの糸口を、『愛と経済のロゴス　カイエ・ソバージュⅢ』と『神の発明　カイエ・ソバージュⅣ』の二冊の本のもとになる講義をとおして、おおざっぱなデッサンのような形でしたが、探り出そうと試みました。そこで試みられたことを、いま私たちが立っている新しい地点から、もう一度考え直してみることにしましょう。

『愛と経済のロゴス』では、現生人類（ホモサピエンス）のおこなってきた「経済」という活動を、ひとつの全体性としてとらえ直してみようとしました。するとたちまち、その全体性が「贈与」と「交換」という二つの原理の「バイロジック」として作動しているのが見えてきたのです。

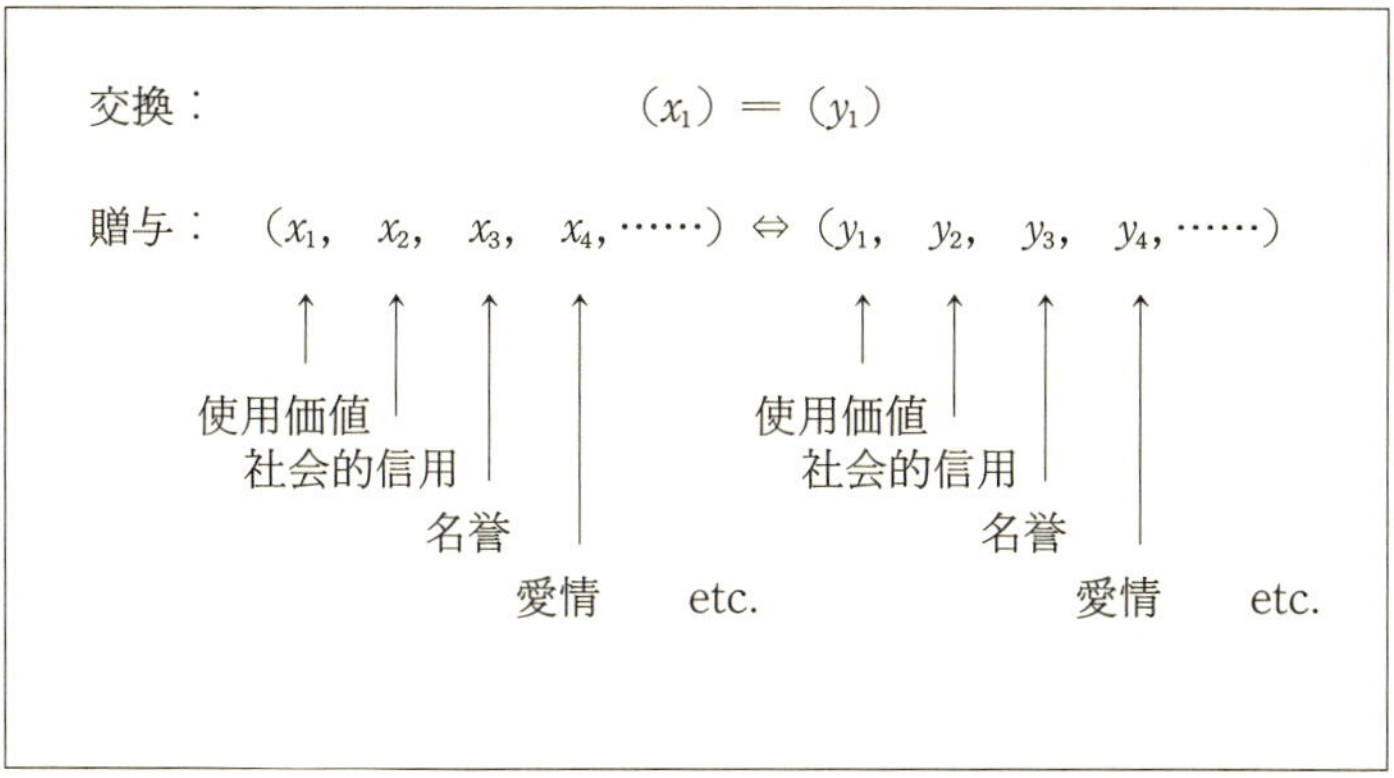

歴史的には交換よりもずっと早く出現した贈与は、本質的な点で対称性の原理と深く結びついています。贈与は等価交換ではありませんし、贈与される物の「価値」はたんなる貨幣価値に換算できるようなものではない、と考えられています。それは贈与で発生する「価値」が、商品としての使用価値ばかりではなく、それを贈ることで得られる社会的信用とか、獲得される名誉とか、贈り物にこめられる愛情などのようなたくさんの「価値」を「圧縮」して、ひとつの贈り物につめこもうとしているからです。そのため、貨幣価値は一次元の数値で表現できますが（たとえばx_1のような形で）、贈与される物に込められている「価値」は多次元的（高次元的）な性質をもつようになります。そこで贈与では交換とちがって、図のような多次元的な関係をとおして、「価値」が発生することになるわけです。

　贈与はまた、贈る人と贈られる人とを、贈与物を媒介にして人格的に結びつける働きをします。よい贈り物ならば、それを受け取った私たちは、贈り主の愛情や思いやりなどその人の人格の一部が贈り物に付着して、私たちのもとに届けられるような気がします。昔の人たちは、そういう場合に、「贈り物には贈る人の魂が付着している」などと表現して、ゆめおろそかな気持ちでは贈り物などあげなかったし、受け取りもしませんでしたが、その原因は贈与が人と人、集団と集団をたがいに結びつける力をもっていたからです。そのために、贈与には喜びや感動や愛情や信頼など、強いエモーション（情動）がかき立てられることがしばしばです。そのため贈与をとおして成立した信頼がいったん裏切られたとき、たがいのあいだに何もないときには発生しようもないほど強烈な憎しみの感情がかきたてられることになります。愛情関係のもつれは、たいがいそんな風にしてこんがらがっていくようですよ。

バイロジックの作動不全

ところが交換の場合には、商品とそれを売る商人とのあいだには、何の人格的絆《きずな》もありません。またそういう商品をなかだちにして売り手と買い手が交換をおこなったとしても、ここでも何の人格的関係も発生しません。つまり交換は物と人、人と人とを分離する働きがあるわけです。「贈与の環が動くとき霊力が動く」という古い表現には、贈与物が移動をおこすとそれにつれて高次元的な流動する力まで動き始め、社会全体に停滞を打ち破る流動が発生するという感覚がこめられていたものですが、交換の場合にはこういうことはおこりません。交換にはエモーションが介在する必要がありません。それはいたってクールな経済活動なのです。

そのかわり、私たちの生きている資本主義社会のような「巨大な商品の集積としてつくられている社会」（マルクス）では、面倒くさい物と人との人格的絆などから解放されたおびただしい量の商品が、社会の表面を勢いよく流通していくことによって、「魂の流動」ならぬ「富の流動」がおこっているように感じられます。贈与的社会では魂が、資本主義社会では物質化された富が流動することによって、それぞれの社会は活気づけられているわけです。

それだけではありません。贈与は多次元的な「価値」で構成されていますから、それを単一の尺度（測度、measure）で計量することは不可能です。また贈与の行為によって流動をはじめるという「魂」などと言われているものを計量することも、ますます不可能です。ところが、交換にあっては必然的に、単一の尺度（測度）というものが出現してくるのです。交換はものごとを分離し、不均質にしていくことを前提にして成り立っています。そうして分離された物同士のあいだに、交換価値が発生します。違う物同士のあいだに同じ尺度がなくてはなりません。するとものごとの「価値」を構成する多次元的な軸は単純化されて、ついには貨幣量に換算できるような単一の尺度に還元されていくことになります。

私たちの社会の経済活動は、こういう贈与と交換という二つの原理のバイロジック的な組み合わせとしてつくられています。もちろん、資本主義社会で圧倒的な支配力をもっているのは商品交換のシステムにほかならず、贈与は主にプライベートな人間関係や愛情生活の場面で、あまりめだたない役割しか果たせなくなっています。交換の原理が強くなりすぎて、社会全体でバイロジックがうまく作動しなくなっている——このことが現代社会に重大な危機をつくりだしているのです。

経済活動の領域

贈与	←バイロジック→	交換
対称性		非対称性
多次元的決定		単一の価値尺度
同質的結合		分離的接合
エモーションの強度		計算できる数
霊の流動と増殖		物質的富の蓄積と増殖
共同体		アトム化された社会

しかし、現生人類の「心」は流動的知性の発生によってかたちづくられた「無意識」を、原初的な基体としてつくられているものですから、社会の全域が交換の原理だけで覆われてしまうようになると、そういう社会で不幸を味わうようになるでしょう。なぜなら、これはこの本の第七章で詳しく論じられることになりますが、現生人類にとっての幸福は、いつも無意識という「心」の基体が自由でリラックスしている状態と結びついているからです。そういう状態では、無意識は高次元性を取り戻して、自由な流動体としての本来の性質を回復しているでしょう。またそのとき無意識は高次の対称性を取り戻しているでしょうから、宇宙の中での絶望的な孤立感は生まれえません。

現生人類が幸福を感じているとき、いつもそこには対称性、多次元性（高次元性）、個と全体との一体感など、贈与の原理と結びついている多くの特徴が、絶妙な働きをおこなっているものです。交換をベースとする資本主義には、そういう無意識を幸福にできる「原理」が欠如しています。いくらお金をいっぱい持っていても人間は幸せではない、というやせ我慢な言い方にも、否定できない一理があります。現生人類の「心」に対称的かつ高次元な無意識が働き続けているかぎり、バイロジックな社会でなければ幸せにはなれない、というのが厳然たる真理なのでしょう。

宗教学を再構築する

グローバル化された現代資本主義の問題は、まっすぐに一神教の問題につながっていきます。『神の発明』では一神教の神の概念を、「トーラス」という数学的なトポロジーで表現することによって、それを流動的無意識のうちに秘められた可能性の発現としてとらえ直す、という試みに取り組みました。トーラスは「向きのある多様体（複側の多様体）」の典型です。そこには、表と裏、内部と外部、表面と深層などの区別があり、そのことを数学では「複側」と呼んでいるわけです。

これにたいして、多神教やたくさんの精霊《スピリット》が活動するアニミズムにおける神＝精霊の考え方は、「メビウスの帯」や「クラインの壺」のような、「向きのつけられない多様体」としてモデル化することができます。そこには表と裏、内部と外部、表面と深層などの区別がありませんから、「単側」の多様体の典型です。精霊はそういう空間を活動の場所としているわけですが、それを私たちは現生人類の脳組織におこった革命的変化の結果生み出された、流動的知性の活動と結びつけて理解しようとしました。精霊は高次元の無意識を活動の場所としているわけです。

『神の発明』で得られた以上のような理解を、今学期の講義が構築しようとしている新しい理解の中に統合してみることにしましょう。大脳のニューロン組織におこった変化によって、ひとつの領域の活動だけに限定されない流動的な知性が動き出すことによって、私たち現生人類の「心」が高次元の無意識としてつくりだされるとともに、その無意識を基体として言語の構造にしたがって論理的に思考する、もうひとつの「心」の様式が生まれます。フロイトはこれを「二次過程」とか「意識」とか呼んでいましたので、私たちもいまのところはそれを「意識」と名づけておくことにします。

高次元の無意識は「クラインの壺」と同じ構造をしています。それは三次元よりも高い次元を持ち、表と裏、内部と外部などの区別のない、向きをもたない多様体としてのつくりをしています。過去―現在―未来という時間の系列もそこにはありません。まわりの世界から分離された「自己」もありません。そこに言語の構造が入り込んできます。すると突然の変化が起こり、意識の流動が時間の系列にしたがって並べ替えられるようになり、「自己」というものの空間の中での位置や広がりが意識されるようになります。

すると、そのとたんに無意識のトポロジーにラジカルな変容が起こるのです。それまでのクラインの壺が姿を変えて、真ん中に穴の開いたトーラスに変容してしまうのです。この突然の変化の過程は、クラインの壺と同じ「向きをもたない多様体」であるメビウスの帯を正中線にそってはさみで切り開くとき、トーラスとよく似た表と裏の区別をもつ「向きをもった多様体」があらわれてきますが、それを連想していただくと、少しはイメージできるかと思います（『神の発明』P.105参照）。

精霊の仲間たちの中から、他を圧する一神教の神が出現してくる過程を、私たちは無意識に起こるこのようなトポロジーの劇的な変化としてとらえようと試みたのでした。精霊たちの活動は、すでに現生人類が出現したばかりの上部旧石器時代（三万数千年前）あたりから、認めることができます。

流動的無意識の発生と同時に、精霊はヒトの「心」の中で活動をはじめていたのです。

しかし、その無意識の内部にはすでに、トーラス状をした非対称性の思考も生まれています。そのために、精霊の世界の中にも、人間の社会の首長のような「グレートスピリット」が出現してくる可能性は、いつでも用意されていたわけです。しかし、いわゆるアニミズムと多神教にあっては、精霊とグレートスピリットのあいだには完全なバイロジックの関係がなりたっていましたので、神＝精霊の現象は、無意識の中でたえまなく発生している「クラインの壺⇕トーラス」という変化のおこる境界面を舞台として、くりひろげられていたと考えることができるでしょう。

このバイロジックの状態に終止符を打ったのが、一神教の神の出現だったことは、言うまでもありません。この神はみごとなトーラス状の構造をしています。ですから意識的な思考とひとつにつながっていて、クラインの壺状をした対称的無意識を抑圧してしまうことができるのです。宗教史の現象面で言いますと、これはユダヤ教の発生とともに現実となったことでした。

ここにはじめて人間とのあいだに「圧倒的な非対称」の関係を打ち立てる神を持つ、新しい宗教が生まれることになりました。一神教が出現したことで、現生人類の「心」の構造にはなんの変化もおこりはしなかったのですが（ましてや、そこに「心」の進化などはまったくおこっていません）、ただいろいろなレベルでのバイロジックな均衡が壊されて、矢のような一方向の向きをもった時間意識に突き動かされる「歴史」の感覚が、地球上に蔓延することとなりました。

たしかに近代に入ってからは一神教の一形態であるキリスト教の影響力が、惑星的な規模で圧倒的になってしまいましたので、一神教こそが人類の霊性の発達の最終的なまた最高の形であると言うような間違った考えがのさばってきました。しかし、強いものが正義であるとは限りませんし、ましてや強いからといってそれが霊性の発達の正しい最高形態であることなどは、まずありえないことです。強いということは、霊性に関して言えば、むしろ致命的な弱点です。一神教や、一神教と結合した資本主義にたいして、私たちは今日、精霊の主張する対称性の思考の側に立った、誇り高い立場からの批判的解明を試みるべきです。「日本人には宗教性が乏しい」などという言いぐさを、逆手にとってやろうではありませんか。宗教性が乏しいかわりに、私たちには精霊の世界との近さという、野生の豊かさが残されているのですから。

特異な一神教としてのキリスト教

それにしても、どうしてキリスト教という一神教と結びついた資本主義だけが、これほどの影響力をふるうようになったのでしょうか？　同じ一神教であるイスラム教の開祖ムハンマドは立派な商人でしたし、彼の思考を発展させた歴史上のイスラム教にも、商人資本主義的な性格が一貫して流れているのを感じることができます。しかし、イスラム教の世界からは、産業資本主義は発達しませんでした。なぜキリスト教世界に成長した資本主義だけが、グローバルな支配力を持つようになったのでしょうか？

それはキリスト教の教義の中核である「三位一体」の思考の中に潜んでいる、と私は考えます（詳しくは『緑の資本論』を読んでみてください)。キリスト教の神は正統教義では、「父」と「子」と「聖霊」の三つの位格《ペルソナ》を持つと主張されています。このうちの聖霊がくせ者なのです。聖霊はもともとスピリットの仲間です。つまり、高次元的で流動的、しかも対称性の論理で動く無意識の活動と直接的な結びつきを持つ、「心」の働きがしめすものを「聖なるスピリット」と言いかえて、神の本質の一部に取り込んであるのです。

これによってキリスト教は、対称性の論理(クラインの壺が象徴するもの)と非対称性の論理(トーラスが象徴するもの)のバイロジックとしてつくられた、特異な一神教の形態を実現したわけです。一神教としての骨格のうちに、無意識の本質のひとつである増殖性が、じょうずに組み込んでありますす。ユダヤ教やイスラム教のような一神教の仲間たちは、そのことを口を極めて批判しましたが、キリスト教は聞く耳を持ちませんでした。哲学者たちが、キリスト教の教義は不条理だと言って批判しても、「不条理ゆえに我らは信ずる」などと不条理なことを主張して、一歩も譲りませんでした。

不条理なはずです。そこにはアリストテレス的な論理をぶち壊してしまうような反論理がセットしてあるからです。すなわち聖霊やマリアとともにキリスト教の神の本質のひとつに組み込まれた対称性の論理が、不条理を論理化する仕組みとして作動しているのが、キリスト教にほかならないからです。高次元無意識と一体になって作動する一神教、これはたしかに人類のおこなった大発明のひとつに数えてよいものでしょう。

一二~一三世紀になって、ヨーロッパでもようやく商人の活動が活発化してくるようになると(イスラム教の世界では、それよりもずっと前から商人が大活躍をして、その世界に莫大な富を集めていたのですが）、キリスト教会ははじめはしぶしぶと、あとになるとむしろ積極的に高利貸の存在を認めるようになりました。高利貸は利子の形で、お金を増殖させていく行為です。イスラム教が厳禁したこの利子を、キリスト教はあっさり承認するようになります。これも一貫した態度と言えるでしょう。キリスト教はその正統教義の中で、すでに聖霊の組み込みという形で、生産的な無意識の働きを、自分の内部にセットしてあったのですから、その生産的無意識の世俗的な形態である「自力で殖えていくお金」というものを、一神教の原則に背いてまでも、ついには承認してしまうだろうということは、じゅうぶんに予想されたことであったからです。

パラドックスの威力

キリスト教は論理に違反するパラドックスを、自分の内部深くにたくみにセットしてあります。西欧のキリスト教社会で発達することになった資本主義にも、同じ型のパラドックスがセットしてあります。貨幣をベースにして動いている資本主義は、言ってみれば安定した非対称性の論理の働きによって生きている、と言えるでしょう。しかし、その非対称性で動くシステムからは、生産的な無意識の働きが生み出す「価値」の増殖がおこっているのです。

ところで現生人類のおこなう経済活動の全体性は、贈与と交換のバイロジックとしてつくられています。このうちの贈与は、対称性の無意識と深いつながりをもっていて、そのために贈与の現象が正しいかたちでおこると、エモーションの流動がおこって、その場にいる人々は幸福な感情をかき立てられることになります。資本主義がおこなっている「価値増殖」は、とうぜんのことながら、贈与とは関係がありません。ところが、豊かな商品が売買されて、物とお金の流動がおこっている場所では、贈与の場合とよく似ている生産的無意識の活動が巻きこまれていくものですから、何かとても豊かなものが人々のあいだを流動しているような、感覚というか錯覚がもたらされることになります。

資本主義も、強いエモーションを引き出す能力を持っています。だから、順調に運動している資本主義のメカニズムの中にいると、私たちはしばしば幸福感を感じたりもするのです（その幸福感の本質については、第七章で詳しい説明があるでしょう）。宗教と経済がこれほどまでに緊密に、構造的に結びついている例は、ほかには見出すことができません。その構造はパラドックスとしてつくられています。そして、パラドックスであるがゆえに、その構造は無意識の生産力を引き出すことに成功しています。資本主義は発達すればするほど、流動的無意識という現生人類としての私たちの本性に接近していくことになるでしょう。

〈一〉の覇権

それにしても、経済の領域でも神の領域でも、〈一〉の原理とでも呼ぶことのできる特別な原理がとても大きな働きをしていることを、お気づきになったことと思います。〈一〉の原理が登場してくると、それまで対称性の論理にしたがって動いていたものが、またたくまに非対称な関係につくりかえられてしまうのです。

たとえば、長いこと人間の相互関係のおおもとをなしてきたのは、贈与の原理でした。それは対称的経済関係としての特徴を持ち、ものごとの「価値」を多次元的に決定するデリケートなメカニズムが、人々のあいだに精妙な贈与関係を打ち立ててきたのでした。ところが、そこに〈一〉の原理が忍び込んでくると、たちまち対称性にもとづく贈与関係に変質がおこってしまいます。それまで多次元的に決定されていた「価値」が、単一の価値尺度に還元されて、数で数えられるものにつくりかえられてしまうのです。その瞬間、いままで贈与関係によって結びつけられていた人々のあいだに、冷たい空気が入り込んできて、たがいに結びつけられていたものが分離を体験するようになります。贈与が交換につくりかえられる瞬間です。

こうして生まれた交換と昔ながらの贈与は、長いことバイロジックの関係を保ち続けていました。ところが、交換の中から出現した貨幣が、社会の全域に行き渡るようになると、交換は贈与の関係をいたるところで破壊して、経済の領域での覇権を握ってしまうことになります。社会の重要な部分が、すべて交換の原理で作動するようになったところで、おもむろに資本主義が登場してきます。資本主義は〈一〉の原理が経済の領域で覇権を握ったことによって、はじめて可能になったメカニズムなのです。

神の領域でも、それとよく似たことがおこっています。多神教の世界では、精霊とその中から出現したグレートスピリットとが、長いことバイロジカルな共存関係を続けてきました。クラインの壺

〈精霊〉とトーラス〈グレートスピリット〉がひとつに結合して、多神教の世界を形づくってきたわけです。ところが、グレートスピリットのうちの一人が、ある日を境にして、精霊の住む空間であるクラインの壺を自分から切り離して、その抑圧をはじめたときから、人類の「心」には一神教の神というものが出現したのです。

ここでも〈一〉の原理が、〈多〉の原理によって生きてきた精霊の世界を抑圧することによって、一神教の世界が生まれています。するとそれまでは人間と精霊はほとんど同じ目線で世界を見ていた仲間同士だったのに、人間から絶対的な距離で隔絶された一神教の神が登場することとなり、人間と精霊の対称的関係は、人間と神との圧倒的に非対称的な関係につくりかえられてしまいます。〈一〉の原理が登場してくると、対称性の論理はしだいに追いつめられて、そのうち見えなくなってしまいます。

グアラニ族の反〈一〉の哲学

このことは、「国家の出現」という事態にさいして、とりわけ重大な帰結をもたらしました。なぜなら、対称性の論理は国家というもの、権力というものを発生させないからです。この問題について、人類学者ピエール・クラストルが加えた天才的な洞察は、いまでも私たちに深い感銘を与え続けています。クラストルは南アメリカのアマゾン河下流域を主な生活の場所とする、グアラニ族という人たちのもとで研究をしていた人です。このグアラニの人々はもう何百年ものあいだ、ジャングルの中を放浪し続けていますが、それは彼らがこの世のあり方は不幸の極みであると考え、そういう不幸の完全に廃絶された完成された世界を求めて、移動をくりかえしてきたからです。

グアラニ族には、まるで哲学者のように考え、語り、行動するシャーマンあがりの預言者たちが、過去数世紀にわたりつぎつぎに輩出しました。彼らは口をそろえて地上は悪に覆われてしまった、なぜなら地上に〈一〉の原理が出現して、それによって人間の世界が醜く変貌してしまったからだ、と語ってきたのです。驚いたことに、その預言者たちはじっさいに、〈一〉とは「悪」であるという、深遠な言い方をしたのですよ。この不思議な〈一〉という先住民の概念について、クラストルはつぎのように考えました。

滅びうるすべてのものが〈一〉である。〈一〉の存在様式とは、過渡の移ろいゆく束の間のものである。消滅するためにのみ生誕し生長するものが〈一〉と呼ばれる。それは何を意味するのか。ここでわれわれは、同一性の原理の奇妙な適用を通して、グアラニ宗教の宇宙の基底にふれることになる。〈一〉は、滅びうるものの側におかれることによって「限りあるもの」の記号となる。(……)今ではもう少しはっきりと理解できるかもしれない。「ものごとがその総体において〈一〉である」不完全な大地、それは欠けるところのあるものの王国、有限なものの空間であり、同一性原理が厳密に適用される場なのだ。というのも、A＝A、これはこれであり、人は人である、と述べることはとりもなおさず、Aは非Aではないこと、これはあれでないこと、人間は神ではないことを宣言することに等しい。(……)秘められた真の力とは、沈黙のうちに、これはこれであると同時にあれであり、グアラニは人間であると同時に神であると明言することのできるものなのだ。思い知ることの悲劇。というのも、われわれがそれを欲したわけではないからである(ピエール・クラストル『国家に抗する社会』渡辺公三訳、水声社)。

みなさんはすぐにお気づきになられたことと思います。ここで先住民の預言者たちによって、〈一〉の原理と呼ばれているものが、アリストテレス論理によって働く非対称性の論理にほかならないということに。

「人間」であるために

グアラニ族は「Aは非Aではない」という、私たちの世界では「ふつうであたりまえのこと」と考えられている論理が、有限で悪にみちた不幸な世界をつくりだしてしまうと考えて、それから必死で逃れようと、ジャングルを放浪し続けてきたのでした。この論理は南アメリカ大陸への白人の登場とともにもたらされたのですが、その結果、先住民の社会には病気や迫害や破壊をともなう、さまざまな不幸が襲いかかってきました。先住民たちは、一万年以上にもわたって守り続けられてきた自分たちの社会を支えてきた原理が、根っこの部分から破壊されていくのを、悲しみをこめて見つめ続けてきましたが、グアラニ族の思想家たちは、自分たちの社会に悪をもたらしているものの本質を、〈一〉

の原理として取り出してみせたわけです。

では、〈一〉によって汚されていない世界とは、どういうものなのでしょう?

不幸の廃絶された〈一〉ならざるものの土地では、とうもろこしは自ら育ち、人は狩りに出ることもなく矢が獲物を携えて来る。婚姻を律する規則はなく、永久に若さを失わない人間は永遠に生き続ける。「悪なき大地」に住む者を一義的に特徴づけることはできない。彼は確かに人間であるが同時に、人間にとっての他なるものすなわち神でもある。(……)それは、〈一〉によって自らを言い表すことのない平等な者達、神—人間、人間—神のみである(クラストル、前掲書)。

〈一〉の原理に浸食されていない世界は、「純粋贈与」をおこなう宇宙的な力によって動いています(とうもろこしは自ら育ち、人は狩りに出ることもなく……)。またそこには、女性や富の動いていく方向を限定する規則もなく(婚姻を律する規則はなく)、生命ですら時間の系列に服従することがない(永久に若さを失わない……)のですから、人間と神のあいだにすら対称的な関係がなりたっています。言うまでもなく、これは神話的思考を生み出してきた、対称性の論理によってつくられた理想の世界にほかなりません。

先住民の文化は、このような対称性の論理が思い描いた輝かしい理想の世界を、自分たちの世界の内部に組み込むことによって、出来上がっているのです。もちろんそういう理想の世界は、かつて一度たりともこの地上に実現されたことはないし、また未来にも実現されることはないでしょう。しかし、そのような理想の世界を、思考によって正確に思い描き、神話の力を借りて途絶えることなく語り続けることによって、先住民の文化は人間を堕落させることがなかった、と言えるのではないでしょうか。

たしかにその社会は、〈一〉の原理に身をゆだねることで物質的な発達をとげてきた西欧文明にくらべれば、貧しいと言うこともできるでしょう。ところが、物質的貧しさとひきかえに、この社会は人間の魂に崇高さをあたえることができました。対称性の論理によって働く流動的無意識の語る声に耳を傾けて生きることを、この人々は大切だと考えました。言いかえれば、現生人類である自分たちの本性の生まれきたる源泉の語り出すものに忠実であることで、先住民たちは「人間」であり続けようとしてきたのだとも、言えるでしょう。

クラストルの遺言を執行する

グアラニ族の預言者たちは、「対称性の社会」を生きてきた世界中の人々が、ここ数世紀のあいだに直面し続け、苦しめられ続けてきた現実の本質を理解するという課題に、ひとつの明快な解答をあたえたのだと思います。そのような現実を生み出しているもの、それは〈一〉の原理だ、と言い放つことで、この人たちは人類の知識に重要な貢献をしたのです。

グアラニ族の男性

〈一〉の原理が支配権を握ると、どういうことがおこるのでしょうか？　先住民の思想家たちと、その思想をみごとに私たちの世界の言葉に「翻訳」してみせたピエール・クラストルにしたがえば、まずそれは〈多〉を抑圧しはじめます。交換と贈与の関係をみているときに、私たちは贈与関係が多次元的に決定されている、とてもデリケートな現象であることを見てきました。人と自然、人と人との関係を、贈与関係によって調整しようとしてきた、文字をもたない、国家をもたない社会の人々は、あらゆるものごとを多次元的にとらえようとしてきたのです。〈一〉の原理がそういう贈与関係に侵入してくると、たちまちにそれが交換に変質してしまう過程を、私たちは見届けてきました。それと同じように、〈一〉の原理が入り込んでくると、いろいろなタイプの〈多〉は変質させられたり、抑圧され、そこから不幸が忍び込んでくるようになるわけです。

また、グアラニ族が語っているように、〈一〉の原理が支配している世界では、人間と神とが非対称的な関係に分離されてしまいます。それまでは、人間は人間であると同時に、「人間にとっての他なるもの」である神でいることができたはずです。それはちょうど、神話の思考で、人間と動物のあいだには本質的な違いはなく、人間はいつでも動物になることができるし、また動物は人間と同じように言葉をしゃべり、ものを考え、行動していると考えられていたのと同じです。そこでは、人間と動物のあいだに平等な関係がなりたっていたのと同じように、人間と神ですら平等だったのです。

しかし、〈一〉によって人間と神が分離されると、そのとたんにあらゆる領域で不平等が発生するでしょう。動物と人間がもはや兄弟でも夫婦でもなく、動物は人間よりも劣った存在だとみなされるようになります。人間の社会の内部にも不平等が蔓延していきます。支配する者と支配される者の非対称的な関係がかたちづくられ、支配者はますます神の領域に自分を近づけていこうとするでしょう。

神話的思考の生きていた対称性の社会では、「力の源泉」は人間のつくる世界の外にある、とされていました。「力の源泉」は自然の奥に潜み、それに近づくことのできる存在は、森の王である熊のような特別な動物たちでなければならなかったのでした（『熊から王へ』をお読みください）。ところが、〈一〉の原理は、そういう状況がいつまでも続くことを許さず、人間の社会に君臨する王こそが「力の源泉」を掌握していると主張しようとしてきました。それまで、対称性社会に「権力」というものは存在していませんでした。ところが、王と政府の出現と同時に、私たちの世界に権力なるものが出現してしまったのです。

王と政府が社会の内部に「人間ないし神の権力」という形で「力の源泉」を持ち込んでしまうと（もちろんそんなことは不可能なのですが、王と政府は自分たちはそれをやってのけたと主張して、その主張を強引に押しつけようとしてきました）、大衆と自然は、以前には自由にそれに接触することもできたのに、いまでは「力の源泉」に近づくことはおろか、接触することなどできなくなってしまいます。そうなれば、大衆も自然も権力によって操作されたり、改造されたり、収奪されたりする対象＝モノにすぎなくなってしまうでしょう。

　私たちの生きている世界は、不幸を原理として動いているのではないでしょうか。人類学者ピエール・クラストルは現代の世界を覆う、理不尽な権力のあり方を根底からつくりかえる思想を探って、ついにこのような対称性社会の非権力論にたどり着いたのですが、残念なことに彼は目的にたどり着くまえに、若くして亡くなってしまいました。『国家に抗する社会』という本は、ですから彼の遺言みたいなものです。私は彼の遺志を受け継いでいきたいと思います。偉大な熊を守護神として、いつか本当の意味でのクラストルの遺言の執行者になりたいと願っています。

ピエール・クラストル
（ピエール・クラストル『大いなる語り』毬藻充訳、松籟社）

神―資本主義―国民国家

　さてここまでくると一気に展望が開かれて、さまざまな異なる領域におこっていた出来事の真実の意味が、一望のもとに見渡せるようになってきます。神をめぐる宗教の領域におこった「一神教の神の出現」と、経済の領域におこった貨幣経済の発展形態としての「資本主義の出現」と、政治権力の領域におこった「国家の出現」とは、深い内在的なつながりがあります。それぞれが本格的に出現したり、発達したりした時期は違っていても、そこには一貫して〈一〉の原理が貫かれています。

そして近代の西欧において、それまではバラバラに発達してきた三つの領域における〈一〉が一堂に会し、たがいに同盟を結び合ってひとつの統一体をつくりだすという、かつてない事態がおこりました。そこでは、キリスト教と産業資本主義と国民国家がひとつに結んで、もはや地球上のほかの誰もが太刀打ちできないような、強力な統一体をつくりだしたのです。グアラニ族の預言者ならこう言うでしょうね。いま地球を制覇しているグローバリズムを動かしているのは、〈一〉の原理であり、それによって人間は必然的に不幸になっていくだろうと。

私たちの世界は、もう長い間〈一〉の魔力に取り憑かれて、麻痺させられています。トールキンの描いた『指輪物語』の語る指輪とは、この〈一〉のことだったのではないでしょうか。それをいつの日にか、火山の噴火口に投げ入れる冒険に身を投ずるフロドとサムとゴラムの出現を、私は夢見ているのです。

第四章

隠された知恵の系譜

新しい段階へ

今日からこの講義は新しい段階に入ります。

私たち現生人類（ホモサピエンス）の〈徴《しるし》〉とは、科学的思考がよりどころとしているアリストテレス論理を使いこなす思考能力のうちにあるのではなく、ふつうの論理を壊してしまう可能性をひめた対称性の論理で作動している流動的知性のうちにみいだすことができるということを、私たちは見てきました。

この流動的知性は、精神分析学が「無意識」と呼んできたものにほかならないのですが、それを「心」の中の抑圧された部分と見なしてきた精神分析学の考え方とはちがって、私たちはこの無意識こそが現生人類の「心」の基体であると考えたのです。無意識はもともと抑圧とも欠如とも関係なしに、私たちの「心」の中で作動し続けています。別の言い方をすれば、対称性の論理こそが、もっとも人間らしい人間の〈徴〉をあらわすものである、と言えるのだと思います。

私たちの「心」はこの対称性の無意識と、それを基体としてかたちづくられる非対称的な働きをする意識とが協同して働く、バイロジックとしてつくられています。二つの異なる原理のバランスのとれた協同作業によって、文字をもたない社会、国家をもたない社会は、同時にまた神話的思考をおこなう社会として、三万年以上もの長いあいだ、地球上に人間の生きる比較的慎ましい領域をつくりあげてきたのでした。

ところが〈一〉の原理の出現によって、このような状況に大きな変化がつくりだされました。〈一〉の原理は、さまざまな領域で、流動的知性である無意識の働きに制限を加えたり、抑圧を加えたりすることによって、その働きに大きな歪《ゆが》みをつくりだしたのです。このことはとりもなおさず、現生人類である私たちの「心」の基体に、重大な作動不全を生み出してきました。そしてこのことが心ある多くの人たちに、人間の中から人間の〈徴〉が消え始めているという危機感を、抱かせるもととなっているのだと思います。

〈一〉の原理によって生み出されたものは、私たちの生存にいまや決定的な影響をおよぼしています。形而上学の形も（これについては、あとで詳しくお話しします）、資本主義としての経済活動も、国家を中心とする権力のあり方も、今日ではそのすべてが〈一〉の原理の強い影響化にあります。しかし、現代世界をつくりあげているこうしたシステムの多くは、とてもすぐれた面をもっている反面、かつてないような不幸の感覚を生み出していることも、また真実です。その原因は、〈一〉の原理が私たちの「心」の基体である無意識の働きに抑圧や歪みをつくり、その原理が生み出す非対称論理の働きが、かつてない不平等と暴力とを地球上に生み出していることにあります。

神話的思考の優しさや思慮深さを見てきた私たちは、そこでつぎのように問うことができます。神話の思考は、流動的知性＝無意識の働きを直接に反映してつくられたものであることによって、人間に深い思慮と動物や弱者にたいする思いやりのある態度を生み出すことができたのです。しかし、現代人がもはや神話の思考に立ち戻ることなどは不可能なことですし、資本主義を捨て去ることもできないし、国家以前の状態にいきなり戻ることなども不可能なことです。それならば私たちは、回帰するのではなく、前に進んでいくやり方で、現代世界が陥っている袋小路から抜け出す道を探さなくてはなりません。はたして、そんなことは可能なのでしょうか?

私の考えでは、ただひとつだけ可能性のある道があります。それは、現生人類の〈徴〉でもあり、その「心」の基体をつくりなしている流動的知性＝無意識の中から直接出現する、新しい知性の形態を創り出していくことです。私はそのような試み自体を、あらためて「対称性人類学 anthropologie symétrique」と名付けようと思います。

かつては神話が、そのような対称的知性の一形態でした。そして、「構造人類学 anthropologie structurale」がそのことをあきらかにするための、現代人の強力な知的武器となりました。私たちはいま、その構造人類学の先に出て行こうとしています。神話的思考や宗教や経済活動の内部で、いったいどんなふうにして無意識が作動しているのかを、徹底的に調べあげることによって、高度に発達した技術と資本主義の社会で「よい働き」をすることのできる、かつての神話とは違った新しい知性の形態が生み出されるための条件を、この対称性人類学という学問をつうじて、探っていってみようと思うのです。

知恵は隠されている

私たちはそのような知性の原型を、文字をもたない、国家をもたない多くの社会が「特別な知恵」

として伝えてきた知識の体系の中に、みいだすことができます。そのような知恵は、社会のどのメンバーにでも知られているというものではなく、資格ありと認められた特別なメンバーだけがそれを知ることを許されているといったタイプの、特殊な知識なのです。ですから、この特別な知恵についての知識を持っている人々は、ほかのメンバーから自分たちを区別して、一種の秘密結社を形成している場合もよく見受けられますし、またたいていはそこに加入するためには、新参者は厳しいイニシエーションを受けなければならない、と定められているものです。

そういう話を聞くと、皆さんはなにか社会の中のエリート集団が、別にたいしたこともない知識を独占するために、そんな制度をつくっていると思われるかもしれません。じっさいこの種の秘密結社にはそういう実例もなきにしもあらずで、閉鎖的な家元制度で自分たちの特権をがっしり守ってはいるけれど、その中に入ってじっさいに外部に向かって秘密にされている知識を学んでみると、「なあんだ、こんな程度のものか」とがっかりさせられることもしばしばなので、そういう警戒心を持つのももっともだと思います。

しかし、その中には少なからず本物があります。私が「本物の知恵」と呼んでいるのは、私たち現生人類の「心」の原初の働き（それは、〈一〉の原理が生み出すさまざまな幻影によって歪められていない「心」の原初的な働き、と言っていいでしょう）についての正確な知識を人々に伝えるために、巧みに案出され、創造されてきた知識の体系のことです。つまり、「心」の基体である流動的知性＝対称性無意識の働きがどういうものであるのかを、人々の前に具体的にあらわにしめしてくれる特別な知識の体系を、私は「知恵」と呼ぼうとしているのです。

知恵はそういう性格を持つものですから、誰でもがおおっぴらに近づくことはできません。知恵は流動的知性＝無意識をベースにして、それから直接に生み出された知識にほかなりません。それは「対称性の論理」によって作動しているために、しばしば日常的な、ふつうの現実をつくりだそうとしている社会の求めているものを破壊しかねないからです。知恵は本来とても危険なところを備えています。そのために、特別な知恵は秘密にされていなければなりません。人間の「心」の原初に近づいていけばいくほど、人は危険の領域に接近していくことになるわけです。

アフリカの実存主義者たち（1）

そのような「知恵」の原型をしめしている、いくつかの実例を見てみることにしましょう。最初は中央アフリカの「カサイ」と呼ばれる人々のもとからもたらされた報告です。この報告は、イギリスのすぐれた人類学者メアリー・ダグラス女史によって、一九七〇年代のアフリカからもたらされました。カサイと呼ばれる人々は、じっさいには多様な部族から構成されていますが、そのうちの「レレ族」の社会でおこなわれている「秘密の知識」に関して、彼女はつぎのように語っています（「カサイのレレ族における動物の象徴体系」"*The Animal Symbolism of the Lele in Kasai*", Africa, 1974)。

レレ族の社会は、このあたりのバンツー系部族の御多分に洩れず、明快きわまりない「二項操作」によって、自分たちの生きる世界を構築しています。ほとんど数学的なほどに明快な対立項を緻密に組み合わせて、宇宙観からはじまって動物の分類や社会秩序の構成にいたるまで、美しい観念の建築物をつくりあげているのです。レレ族の社会をひとつの建築物としてつくりあげている「礎石」は、図のような基本的な二項操作でできています。

このような二項操作が、村の空間的な作り方や家屋の構造にはっきりと目で見える形であらわれていますので、そういう村に入ると、ああバンツーの村にやってきたなあ、としみじみ実感することになると言います。社会関係もこの基本的な「礎石」をもとに、きちんとつくられていますし、動物分類の体系も同じ原理によっています。そこでたとえば、犬や鶏のような家畜は右＝男＝人間性の側に分類されますが、ネズミのように害をなす動物は左＝女＝動物性の側に分類されて、厳重な取り扱いを要求されます。万事がこの調子で、人間・動物、男・女、老人・若者の区別をやかましく言い、いろいろな儀式をくりかえすことで、その秩序を維持している社会なのです。

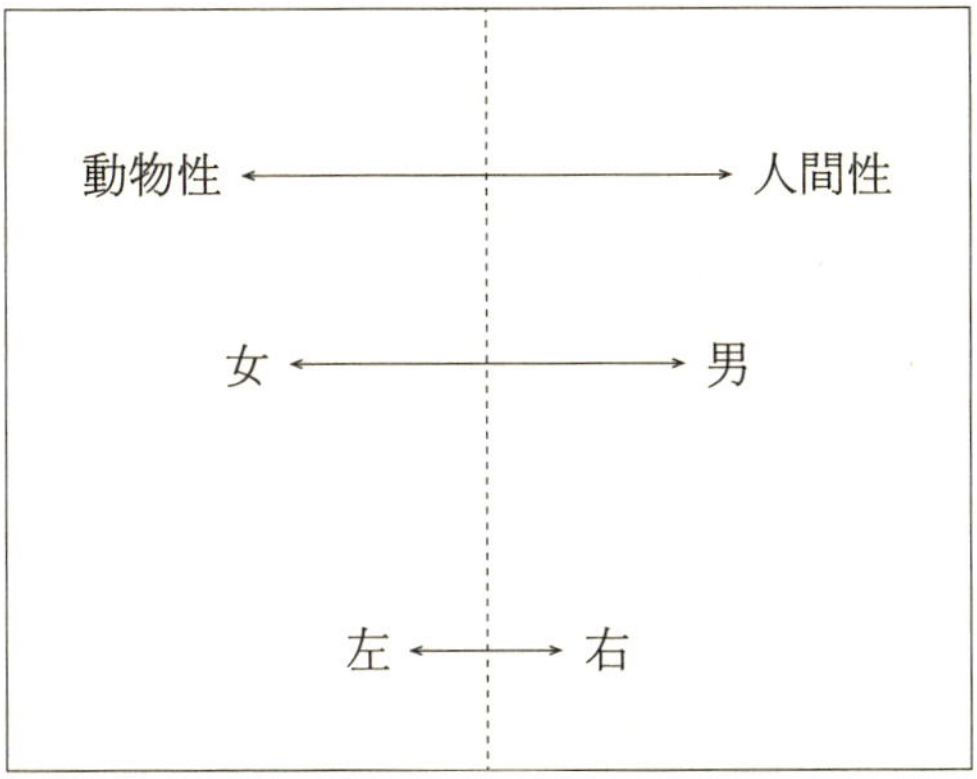

ところが、そういう秩序のことに口うるさい社会が、ある特別な儀式の中ではまったくそれに反する態度をしめして、人類学者を驚かせています。レレ族には男たちだけが参加する特別な儀式があります。その儀式はイニシエーションも兼ねてい

穿山甲
（Mary Douglas, *THE LELE of the Kasai* 表紙）

て、若者が長老からレレ族伝承の「特別の知恵」を受ける機会となっています。その儀式の中心は、参加者が全員で「穿山甲（アリクイ、*manis tricuapls*）」という動物を食べることにあります。

この動物はとても風変わりです。全身を鱗でおおわれた哺乳動物なのです。「鱗をもった動物」と言えば、例の厳格きわまりないレレ族の動物分類では、あきらかにこの動物は「魚」に分類されるはずです。ところがこの「魚」は木によじ登ることが得意です。またくるっと体を丸めて、しっぽで木にぶらさがって眠ることもあります。形はどちらかと言うと哺乳類というよりも、卵生のトカゲに似ています。しかし、幼獣にはちゃんと母乳をあたえて育てます。しかも、ほかの哺乳類は一度にたくさんの子供を生むのに、この穿山甲はまるで人間のように、一度に一匹の子供しか産まないのです。人間を襲うことも、逃げることもなく、おとなしく体をまるめて、狩人が通り過ぎるのを待つ、まるで聖者のような動物でもあります。

ひと言で言って、この動物はレレ族の動物分類学のどこにも所属できない「例外者」です。もっと言うと、彼らの社会をつくりあげている原理にとって完全に、怪物的な存在なのだと言えます。その怪物的な動物を、許された少数の男だけが、秘密の儀式の中で食べるのです。そして、この秘密の儀式が滞りなく実行されれば、女性たちは妊娠し、狩人は獲物をたくさん仕留めることができると信じられています。宇宙の豊穣を願っておこなわれる儀式で、こういう怪物的な存在が登場してくる実例は、ほかの社会でもたくさん見かけることができますが、レレ族の場合ほどその背後で動いている思考がはっきり見えるケースは、少ないと思います。

アフリカの実存主義者たち（2）

メアリー・ダグラスはこの儀式の中に、レレ族の宗教の背後で働いている二つの極端な思考がはっきりあらわれていると、つぎのように書きます。

（ひとつは）思考の曖昧さをはぎとって、直接に現実を見ようとする傾向である。それははじめてこの秘密の儀式に参加する若者の世界観を一変することになる。この儀式は若者に、それまで自分を取り巻いてきた文化の基礎にある分類の原理がどういうものであったかを考えさせる機会をあたえ、その原理はひょっとすると人工的な虚構にすぎなかったのではないか、という認識をあたえることになる。（……）穿山甲を食べた若者は（サルトルの小説『嘔吐』に登場してくるアントワーヌ・ロカンタンという主人公のごとき）初期の実存主義者のような体験をすることになる。若者たちは、自分のこれまでの経験をかたちづくってきた分類原理が、恣意的で因習的なものにすぎなかったことを知るようになる。(……)(もうひとつは)運命の必然を否定して、苦痛や死すら否定してしまおうとする傾向である。穿山甲は自分からすすんで犠牲になったとレレの人々は考える。穿山甲は宇宙的分類を超越しているというだけではない。穿山甲は死ぬことによって、自らの内部から世界に幸福をもたらす能力を解放しようとして、すすんで死を選んだと解釈するのだ。(……)死というものを贖《あがな》いと再生のための、まことに悦ばしい祝祭ととらえる思考が、ここにはある(前掲論文の自由な訳、ただし括弧の中は中沢による)。

ここには、とても重要なことが語られています。レレ族の社会は、アリストテレス型の論理で働く二項操作を組み合わせて、知的な建築物のようにつくられています。それは、まず分離し、不均質にし、非対称にする「非対称性の論理」にもとづいて建築されています。ところが、少数の参加者だけが許された秘密の儀式の中では、そのような通常の論理をくつがえし、解体してしまう「対称性の論理」によって、すべてが進行していくのです。分離されたカテゴリーを同質なカオスに突き戻し、輪郭をそなえていた思考の働きを流動的な「生の現実」に突き落としてしまうために、秘密の儀式の参加者は怪物的な動物である穿山甲を食べるのです。

それればかりではありません。自分たちは穿山甲をたんに殺して食べているのではなく、この怪物的な動物は、聖者のような利他心をもって自分を犠牲に捧げようとしていると考えることによって、死の現実を乗り越えようとすらしています。殺されて食べられた穿山甲が、世界に幸福を解放することができるのは、生と死が分離された現実ではなく、生と死の対立を越えた高次元な現実が存在しているからでなければなりません。そこに充満しているポジティブな力が、自分を犠牲に捧げることによって死の現実を乗り越えてしまった穿山甲によって、解き放たれるのです。ここにも、あきらかに「対称性の論理」によるラジカルな思考を見ることができます。

怪物を食べる／怪物に食べられる

レレ族の穿山甲は、どんな分類の原理にもおさまらない例外的な怪物として、イニシエーションを迎えた若者によって食べられるのですが、そのとき若者はいかなる思考のカテゴリーにもおさまらない、どのような論理からもはみ出してしまう「生の現実《リアル》」というものを、自分の体内に取り込むことになります。怪物的な「生の現実」を食べてしまうことによって、それまであたりまえだと思ってきた「思考のつくりあげる現実」を、いったん解体してしまおうとしているように思われます。

神話的な論理は、こういう場合すぐに反転した状況を思いつくものです。その証拠に、怪物を食べて自分の体内に取り込むのではなく、逆に怪物に食べられてしまうことによって、古い自分を解体するというシナリオでできたイニシエーションの儀式が、たくさん報告されています。世界中からそういう事例は報告されていますが、ここでは有名なギリシャ神話の怪物「ミノタウロス」の話をすることにしましょう。

対称性無意識が生み出すさまざまなイメージの中には、人間と動物のハイブリッドである半人間-半動物のイメージがふんだんに詰め込まれています。じっさいすでにラスコー洞窟の壁画にさえ、バイソンと人間がひとつに結びついたシャーマンらしき人物の姿が描かれています。現生人類の「心」に流動的知性＝無意識の働きが活発におこったとき、すぐさまハイブリッドな怪物の姿が描かれたということには、とても深い意味があると思います。私たちの世界では怪物は例外的な存在としての扱いを受けているのですが、この例外的存在こそ、私たちの「心」の原初的な基体からわきあがってくるイメージにほかなりません。ジョルジュ・バタイユというフランスの思想家はこういう「心」の働きを「呪われた部分」と呼びましたが、ホモサピエンスの「心」においては、まさにこの「呪われた部分」こそがまっさきに脳内に生まれ出て、「心」の現象すべての基体となったのです。思考が怪物を生み出すのではなく、怪物から思考は生み出される、というわけです。

さて、牛頭人身の怪物ミノタウロスはつぎのようにして生まれたと、ギリシャ神話には語られています。

クレタの王ミノスは供犠《くぎ》のために海神ポセイドンから授かった牡牛を惜しみ、別の牛をゼウスに捧げた。これに腹をたてたポセイドンは、ミノス王の妃パーシパエがその美しい牡牛に恋をするようしむけた。パーシパエの恋の望みをかなえるため、当時ギリシャからクレタに亡命中であった天才工人ダイダロスが牝牛の模型をつくり、パーシパエはその模型の中に入って牡牛と交わり、忌まわしくも聖なる怪物、牛頭人身のミノタウロスを生みおとした。ミノス王はダイダロスに命じてミノタウロスを閉じ込めておく迷宮を建設させた。人肉を喰らうミノタウロスのため、当時クレタの支配下にあったアテナイから九年ごとに七人の若者と七人の乙女がつれてこられ生け贄として与えられることとなった（和泉雅人『迷宮学入門』講談社現代新書）。

この神話には古来さまざまな解釈がほどこされてきました。どうやらクレタとギリシャの政治的抗争の歴史が反映されていることはまちがいないし、王権をめぐる神話としての性質を読み取ることも可能です。ギリシャ神話は、私たちがこれまで見てきたような「国家をもたない社会」の神話とは異なり、歴史や社会的現実を取り入れて、古い神話の合理的変形が加えられています。つまり、神話特有の「対称性の論理」が、歴史や社会的現実を理解しようとするときに作動する「非対称性の論理」の働きによって、歪められているケースが多いのです。しかし、それでもこの神話から私たちにとって興味深い、いくつもの重要な点を取りだしてくることができます。

人間の王妃と神聖な牡牛の性的な交わりから生まれた、牛頭人身の怪物ミノタウロスを、ミノス王は特別にこしらえた「迷宮」の中心部に囲い込みます。この怪物は大人になる直前の若者の生命を要求します。そこで王は、敗戦国アテナイから連れてきた若者と乙女を、この迷宮に投げ入れて、怪物の要求に応えようとしています。

昔から多くの神話学者は、このミノタウロス神話の中に人類の古いイニシエーション儀礼の主題が反映しているはずだ、と考えてきました。その考え方は、私たちにも十分に納得いくものです。じっさい、イニシエーションの古い形の儀式がおこなわれているような地球上の多くの場所で、これから儀式を受けようという若者たちはしばしば目隠しをされたり、真っ暗闇の中に長時間放置されて、さんざん不安を味わった末に、これからお前たちは怪物に食われるのだぞ、と長老たちから通告されて震えあがることになる、などといった記述を人類学のモノグラフにはよく見かけることができます。しかも、闇の奥の洞窟や小屋の中で若者を待ち受けている怪物の姿はと見れば、ミノタウロスと同じような半人-半動物の怪物であることがほとんどなのです。

このような半人-半動物の怪物が住みついている私たちの「心」の中の場所はどこかと言えば、それは高次元な流動的知性が働きをおこなっている無意識Idにほかなりません。そこは「対称性の論理」が作動しているために、自己と他者、自己と環境、人間と動物などのさまざまな境界が解体をおこす場所です。イニシエーションを受ける若者は、こういう場所に放り込まれるわけですから、それを「怪物に食べられる」状況として説明するのは、まことに理にかなっています。

怪物と天使

しかしこのミノタウロス神話で、それ以上に私たちを惹きつけるのは別のところにあります。それは、ミノタウロスが閉じこめられた「迷宮」という仕掛けにほかなりません。迷宮はしばしばつぎのような構造をした仕掛けとして描かれてきました（図版参照）。これを見ると迷宮は一本道で、いやおうなく人を中心に導いていきます。普通私たちは「迷宮」と聞くと、「錯綜した通路をそなえた構造体」というものを連想しますが、現代の「迷宮学」によれば、それは迷宮によく似た「迷路」の概念と混じり合った結果の思い込みで、正確に定義すると、迷宮とはつぎのような特徴を持つ端然とした構造体なのだそうです（和泉雅人、前掲書）。

（1）通路が交叉しない。
（2）どちらの道に行くかという選択肢がない。
（3）常に振り子状に方向転換する。
（4）迷宮の内部空間をあますところなく通路が通っており、迷宮を歩く者は内部空間全体をあますところなく歩かなくてはならない。
（5）迷宮を歩む者は中心のそばを繰りかえし通る。通路は一本道であり、強制的に中心に通じている。したがって内部を歩く者が道に迷う可能性はない。
（6）中心から外部へでる際、中心への通路をふたたび通っていくほかはない。

クレタ型迷宮の構造
（和泉雅人「迷宮学入門」講談社現代新書）

こういう迷宮の内部を歩いている感覚を想像してみますと、以

ケルビム（Peter Lamborn Wilson, *Angels*, THAMES AND HUDSON）

前この講義の中で、なにかこれとよく似た体験をしたことがあるのに気づきませんか。そうです。「クラインの壺」と呼ばれる高次元の多様体の表面を歩いていることを想像したときの感覚と、とてもよく似ているのですね。私たちホモサピエンスの知性には、ふつう三次元より高い次元を思い描く能力がありません。そのために、二次元しか認識できない不自由な動物のようにして、この高次元体の表面を歩いていかなければならないのですが、表も裏もない表面の上を中心の在処をめざして進んでいくと、ついに中心にはたどり着くことがないまま、表面全体をくまなく歩き続けることになります。クラインの壺の表面を歩いている者が、道に迷う心配はありません。ここは迷路ではありません。なにかの高次元的な構造が背後で働いているために、いたずらな「迷路的」混乱に陥ることはないのですが、それでもその構造自体を理解することは不可能にできています。

中心部には高次元的な現実がひそみ（そのことを「対称性の論理」が生み出す半人-半動物の怪物ミノタウロスが象徴しています）、そのまわりに三次元でできた世界への通路が複雑に、しかし端然と張り巡らされている。これが迷宮というものの基本的な構造なのではないでしょうか。

私の考えでは、迷宮はつぎのような「天使」の構造と対照的な関係にあります。「天使ケルビム」を描いたこの絵では、猛烈な勢いでバサバサと運動する多数の羽根に取り囲まれた中心部に、子供のような天使の顔が見えています。この絵は、天使というものが高次元の運動体であることを表現しようとしています(図版参照)。人間の普通の認識ではとらえられないその高次元の知性の動きを、バサバサと猛烈な勢いで羽ばたく多数の羽根が表現し、やっと人間らしき表情をした天使の顔が真ん中にあらわれて、人間にも認識のできる三次元の世界への通路が開かれているのです。このことはあとでもっと詳しく調べてみる予定です。

	迷　宮	天　使
中心部	高次元な ハイブリッド的現実	三次元世界への 通路としての「顔」
周辺部	三次元世界 からの通路	高次元な 流動的知性
運　動	外部から 中心部への旅	中心部から 外部への「吹きつけ」

迷宮と天使のあいだには、ですからたぶん表のような関係がなりたっているのでしょう。迷宮と天使は、凹と凸の関係にあるわけです。

したがって、迷宮は天使と同じように、対称性の論理で動いている流動的＝高次元的＝無意識というものを、平面で表現している構造体である、と理解することができるのではないでしょうか。そして、迷宮の中心部には怪物がひそんでいます。イニシエーションを体験している若者たちは、じつは自分たちの

「心」の原初に向かって、近づいていこうとしていたわけですが、それを知ることこそが、隠されている知恵を学ぶことにほかならなかったのです。

ウィチョル族のペヨーテ狩り

秘密の知識を得るために人類はどんなことを実践してきたのか、もうひとつ実例をあげてみましょう。メキシコの高原地帯に住むウィチョル族は、「ペヨーテ狩り」という変わった儀式をおこなうことで、人類学者には古くから有名でした。ペヨーテというサボテンの一種には、強い幻覚作用を引き起こす物質が多量に含まれています。しかしこのサボテンはめったなところに生えていません。人里から遠く離れた山の中に行かなければ、ペヨーテを見つけることはできません。そこで毎年、ウィチョルの人々は一隊を組んで、ペヨーテ狩りにでかけるのです。

ペヨーテ狩りの一隊には、はじめてこれに参加する若者も含まれています。この若者たちは生まれてはじめてペヨーテの幻覚作用を体験するのですから、神聖な植物に相まみえる資格を得るために、とりわけ厳しいイニシエーションの試練が課せられることになります。飲むことも食べることも極度に制限して、身を浄めて、先輩たちの厳しい指導にしたがって、長く苦しい旅をしなくてはなりません。

その旅の果てに、とうとう神聖なサボテンと出会うことのできた彼らは、山の中で秘かに植物のもたらす幻覚作用を体験する儀式をとりおこないます。このときも『神の発明　カイエ・ソバージュ

幻覚がかいま見せる広大な宇宙空間の絵（上右）、ラモーン（上左）、
ペヨーテ・ハントのようす（下）
(Barbara G. Myerhoff, *Peyote Hunt*, Cornell University Press, 1974)

Ⅳ』の中で詳しく説明されたような、不思議な内面空間が体験されています。あらゆる形態が流動的になり、色彩が鮮明になって、光が飛び交い、まるで広大な宇宙空間を浮遊しているような、とてつもない幸福感が体験されるのです（前ページ図版参照）。

このときウィチョル族の野性的な呪術師＝思想家ラモーンは、ペヨーテを摂《と》ることによってもたらされる幻覚体験をとおして、ウィチョル族が獲得しようとしている「思想的課題」の本質を、女性の人類学者バーバラ・マイヤーホッフに向かってつぎのように説明しています。この説明の中で、「ウィリクタ Wirikuta」という先住民の概念が出てきますが、これはペヨーテ体験が開いてくれる地上楽園《パラダイス》のような、喜びにみちた内面空間のことをさしています。

いつの日かすべての人が、ペヨーテを摂ったときにお前が見たような「ウィリクタ」にたどり着くことになるだろう。そのときには「最初の人」たちが戻ってくる。大地は浄められ、水晶のように輝くだろう。私にはまだそれは完全にはっきり見えていない。でもあと五年もすれば、もっと高い世界が開かれて、私もそれをくまなく見ることになるだろう。世界は終わりを迎え、地上に統一がもたらされるだろう。しかし、それは浄《きよ》いウィチョルだけしか体験することはできない。（……）世界が終わるとき、ちょうどペヨーテ狩りのあいだ、いろいろなものの名前が変わってしまったような状態になる。あらゆるものが変化をおこし、すべてのものが今ある状態とは反対のものに変わる。いまは天には太陽の神と月の神という「二つの目」がある。しかし世界の終わりのとき、月の神の目が大きく見開かれ、今よりも強く輝くようになる。太陽の神の力は弱くなる。そのときには、ものの区別は消えていく。男と女の違いもない。子供と大人の区別もない。すべてが今ある場所から抜け出していく。呪術師《マラアカメ》ですら、特別じゃなくなる。われわれがウィリクタに行くときには、かならず役割の転換をしなけりゃならないのは、そのためだ。なぜなら、老人も赤ちゃんも、同じ存在だからだ（Barbara G. Myerhoff, "*Peyote Hunt: The Sacred Journey of the Huichol Indians*", Cornell University Press, 1974）。

この講義を聞いてきた皆さんはすでにお気づきでしょう。ここに先住民の思想家ラモーンが語っていることは、私たちがすでに「対称性の論理」によって描かれる世界像としてとらえてきたものと、寸分違《たが》わない内容をもっています。ペヨーテのような幻覚性植物は、それを摂った人々に自分の「心」の内面への旅を体験させますが、そのとき「内面」と呼ばれている空間は、まぎれもなく流動的知性＝無意識の活発な活動のまっただ中にほかなりません。「ペヨーテ狩り」の儀礼は、このようにして流動的知性の運動を体験することをとおして、対称性の論理によって動いている別の理想世界があることを、ウィチョルの巡礼者たちに深く納得させようとしているのです。

ウィチョルの人々も、ピエール・クラストルの出会ったグアラニ族の人たちと同じように、現実の世界を構成しているのが、ものごとを分離し、区別をあたえ、非均質化しようとする非対称性の論理であるととらえ、それによって宇宙を流れている純粋なエネルギーは制限や制約を受け、汚されてしまうと考えています。つまり、グアラニ哲学風に言えば、〈一〉の原理が宇宙エネルギーの流動を汚している、堕落させている、と考えているわけです。

そういう状態から抜け出すために、グアラニ族の人々は絶望的な「エクソダス（脱出）」の行為に向かいましたが、ウィチョル族はもっと穏健な考え方を採用して、毎年ペヨーテ狩りに出かけ、人知れぬ山中で秘密裡に神聖な植物のもたらす幻覚体験をおこなうことによって、来るべき「世界の終わりの日」に備えておこうとしているのです。「世界の終わりの日」に出現する光景は、ペヨーテが見せる流動的知性の運動そのものであり、それはまた人類の「心」の原初をしめすものでもあるのですから、「世界の終わりの日」はまた「世界のはじまりの日」でもあります。「α《アルファ》にしてω《オメガ》」とヘーゲルが語ったやつですね。

こういう事例は、いくらでも積み重ねていくことができます。国家をもたない社会の人々が自分たちの所持している財産の中でも、いちばん大切なものと考えてきたのは、多くの場合このような「隠された知恵」でした。それは共同体の長老たちによって厳重に保管され、資格ありと認められた若者だけが、厳しいイニシエーションの儀式を通過した末に、ようやく対面が許されるような、きわめて特別な知識の体系でした。その知恵をとおして、人間は自分たちの「心」の基体である流動的知性の内奥に入り込んでいこうとしました。精霊の住処であるその空間は、また「最初の人」の隠れ住まう場所でもあったわけです。

ふたたびラスコー洞窟へ

それならば、「知恵」の獲得には、秘密めいた隔離やエリート的な集団というものが、いつでも必要なものなのでしょうか。そうだとすると、知恵は男たちだけでつくる秘密結社めいた集団の所有物ということになりかねません。現代科学にも多少そういう秘密結社的な知としての性格が残っていますが、もしそんな風でなければならないとすると、「知恵を持つ」などというのは、なんとなく閉鎖的で特権的で嫌な感じがします。私たちが求めている知恵は、もっと開放的なものであるべきです。

このことに関して、『カイエ・ソバージュ』の講義が開始された当初から、私たちの関心を引きつけてやまなかったひとつの考古学的事実があります。それは中部フランスで発見された上部旧石器時代の遺跡、ラスコー洞窟の周辺で観察された考古学的事実です。この洞窟とその周辺で見出されたことは、芸術の起源を考える人たちにとって重要なだけではなく、私たちのように、未来の知恵の形態を探ろうとしている者にとっても、あいかわらず刺激的な情報をたくさんもたらしてくれるのです。

ラスコー洞窟はとても奥の深い洞窟で、少し内部に入り込むと、もうまっ暗です。洞窟は奥のほうに伸びていき、しだいに複雑な構造をとるようになります。そして洞窟の奥に広がる大きなホールを中心にして、何かの儀式がおこなわれていた痕跡が、まざまざと今日に残されているのです。その壁面には、「人類の美術のはじまりのとき」をしめすすばらしい動物壁画が残され、考古学者ばかりでなく多くの美術史家や哲学者たちの関心を集めてきました。

しかし、私たちの関心というのは、別のところにありました。まっ暗なその洞窟の奥でおこなわれていたのは、そこに描かれた動物壁画のテーマから推測するかぎり、動物を中心とした生命の増殖を目的とするマジカルな儀礼だったと思われます。私たちが奇妙に感じたのは、生命増殖の儀礼をおこなうならば、当時の人々にとって最大の関心事であったはずの人間の女性の像が、ひとつくらいは見つかってもよさそうなものなのに、広い洞窟ギャラリーのどこにも、それが発見されないのです。

このことから「人類学的に」考えられることは、ただひとつです。洞窟の中で生命増殖を目的として儀礼をおこなっていたのは、なんらかのイニシエーションを通過した成人男性だけだったのではないか、あるいはそこにこれからイニシエーションの試練を体験しなければならない少年も参加していたかもしれないけれども、現実の、というか生身の女性はそこに参加していなかったのではないか、という推測です（『愛と経済のロゴス　カイエ・ソバージュIII』参照）。現実の女性の参加を拒みながら、女性のもつ「女性性」という概念を象徴化して表現したものを持ち込んで、男性だけの秘密結社員が豊穣のための儀式をおこなうという事例は、人類学ではおなじみのものです。そこでは、じっさいの女性の参加や女性の姿を具象的に表現した像などは、原則として排除されています。

では、ラスコー洞窟の近くに住んでいた上部旧石器時代の現生人類の女性たちは、どこに描かれていたのでしょう。興味深いことに、現実の女性の姿を具象的に表現した像が、洞窟から少し離れた岩のテラスで発見されています。そこは暗くて寒い洞窟の内部と違って、さんさんと太陽の光の降り注ぐ暖かいサンルームのような場所です。あたりには日用品として使用されたとおぼしき石器なども発見され、そこが女性たちの昼間の集会所のようなところで、幼い子供をあやしながら、女性たちが動物の皮をなめしたり、植物の繊維を編んで籠などをつくったり、食事の下ごしらえなどをする、いたって日常的な空間であったことが想像されます。そこの岩肌に、ぽってりとしたお腹と豊かな乳房を持つ、体格のよい健康そうな女性像が、きわめて具象的なタッチのテラコッタで作られていたのです。

「自然智」と「秘密智」

洞窟の内部に描かれた動物壁画もみごとな作品でしたが、この女性像も「旧石器のヴィーナス」と呼ばれるぐらい立派な芸術作品であり、旧石器時代のアーティストは別に秘密結社性が乏しいという理由で、サンルームに描かれる女性像のほうを軽く扱っているという様子も見あたりません。ようするに、このあたりに住んでいたホモサピエンスにとって、二つの異なる「知の形態」というものが存在していたのではないでしょうか。一つはもっぱら男性だけの秘密結社が独占管理する「秘密の知」であり、もう一つは主に女性たちの生活する世界の中から生まれてくる「自然の知」です。

仏教には「秘密智」と「自然智」という概念がありますが、この二つの型の知性によく対応していると思いますので、これからその概念を使うことにしましょう。どちらも日常的な知性の働かせ方とは違うものですが、どちらかというと、男性秘密結社の管理する「秘密智」のほうが非日常性が高く、女性的な「自然智」のほうは、食事をつくったり、育児をしたりという日常的な行為の延長にごく自然な形で生まれてくる知性ですから、ずっと日常性の高い知性であると言うことができるかもしれません。

では、この二つの型の知性は、たがいにどんな関係にあったのでしょうか？　さきほど取り上げたウィチョル族の「ペヨーテ狩り」のケースが、私たちに大変有意義な情報をもたらしてくれます。ペヨーテ狩りのような儀式が、「秘密智」の体験を与えようとしているものであることはあきらかです。たしかにそれは、ずいぶんと新しい形に洗練された形態にちがいないでしょう。しかし、旧石器時代のホモサピエンスによって執り行われた儀式は、人類学者が二〇世紀になって出会ってきたようなこういうタイプの儀式と、本質的には違わないはずです。どちらの場合も、対称性の論理の作用を浮かび上がらせるイニシエーションの体験をとおして、〈一〉の原理の働きを抑えたり、解体させたりする試みである、と言うことができるでしょうからね。

では、そのとき女性たちが主に管理する「自然智」は、どんなことをしていたのでしょうか？　ウィチョル族を調査した別の人類学者が、これについて興味深い報告をおこなっています。ペヨーテ狩りに参加するのを認められるのは、経験を積んだ年長の体験者と、これからイニシエーションを受けてペヨーテの秘密に参入しようとしているこころざしの高い若者たち、それと特別の能力にめぐまれた少数の女性呪術師ばかりです。一般の女性は、ふつうこれに参加しないのです。昔は部族の男の多くが、この儀式に参加していましたので、何週間ものあいだ男たちがペヨーテの体験を求めて巡礼の旅に出ているあいだ、女たちは村に残り、冒険の旅に出ている男たちの無事を祈っていました。

そして、ようやくぼろぼろに疲れて戻ってきた勇気ある男たちを、女たちは村境に出かけて迎えます。そのとき出迎えに出た一人の経験豊富な物知りの女性に、人類学者が問いかけます。「男たちはああやって貴重な知恵を求めて冒険に出ていきます。ところが、女の人たちは村でそれを待つだけです。なにか不公平ではありませんか。女性はそういう知恵に近づくことを許されていないわけですから、差別があるのではないですか」。これにたいして村の女性が笑いながら、こう答えたそうです。「男たちはかわいそうに、あんなにでもしなければ、知恵に近づくことはできないんだよ。ところが女は自然のままにそれを知っているのさ」。

すぐれた先住民の女性たちは、男たちがこっそりと手に入れようとしている念願の「秘密智」という目的地に着いてみると、そこにははじめから「自然智」が待っていて、男たちの英雄的な行為を優しく迎えてあげるのだ、そんなふうにして秘密結社的な「秘密智」とナチュラルな「自然智」はいずれひとつに結びつくものなのさ、と考えている様子なのです。

「秘密智」を手に入れるためには、厳しいイニシエーションの試練を受けなければなりません。ところが「自然智」はむしろ特別な試練や苦行をしなくとも、ごく自然に私たちの「心」の内部から浮かび上がってくる対称性無意識の働きのままに、日常生活をしなやかに過ごしていくことで、まったく自然に〈一〉の原理を解体に導くことができる、と確信しているように見えます。

未知の知恵の形態を探し求めている私たちは、ここからさらに新しい段階に踏み込んでいくことになります。いよいよ仏教が私たちの前に、ヒマラヤのように巨大な山塊となって、あらわれてきたのが見えます。

第五章

完成された無意識——仏教（1）

はるかなる先達

これから二回にわたって仏教の話をします。仏教は私がいちばん力を入れて勉強してきた思想ですし、深い実体験をとおして自分の思想がいまやかぎりなく仏教に近づいていることを、私自身よく気がついているからです。この講義をとおして私は「対称性人類学」という考え方を皆さんに説明してきましたが、その考えを極限的に展開していきますと、そのさきで仏教に出会うことになります。

対称性人類学は「抑圧されていない無意識」の働きを、できるだけ純粋な形で取り出してこようとする試みですが、仏教はすでに二千数百年も前から同じ試みに取り組んで、その思想を哲学や共同体の形として、現実世界の中に表現し、実践しようとしてきました。レヴィ＝ストロースはかつて『悲しき熱帯』という自伝的な本の中で、自分の考えている構造人類学はどこか仏教の思想に似ているところがあると書いていますが、構造人類学をさらに「心」の領域深くにむかって展開していこうとしている私たちの対称性人類学は、はじめから、自分たちの試みの大先達として、仏教が自分たちのはるか前方を堂々と歩んできたことを認めます。

しかしその仏教も、ここ数百年のあいだはさしたる思想的発展もなく、一神教型の資本主義が地球上のあらゆる場所に浸透し、人々の生活や考え方をその経済システムにあわせて大きく変化させるようになってくると、かつてのような生きた思想としての活力を失って、社会の一角にこぢんまりとした場所をあたえられて、そこに安住してしまうようになってしまいました。仏教の思想は、根本の構造から言って、一神教型の資本主義の原理を鋭く批判して、それを乗り越えていく道を、人類に指し示すことのできる能力をひめています。ところが、学問や制度になってしまった仏教には、もうそんな力は残っていないように感じられます。

そういう状況を変えなければならない、と私は思います。ここまで伝統が破壊されてしまった社会に生きている私たちには、もうそれほど有効な精神的資産は残されていないと覚悟していなければならないでしょう。仏教はそういう私たちに残された、数少ない精神的資産なのです。とりわけ、「グローバリズム」と呼ばれる一神教型資本主義にたいして、力強いオルタナティブを提案できるのは、仏教の思想だけなのかもしれないという気もします。「野生の思考」だけではこの事態に立ち向かうことはできません。そのことは、歴史が冷酷に証明してしまっています。対称性の思考がはらんでいる思想的な可能性をとことんまで展開し、それをちょっとやそっとでは壊されない堅固な哲学の体系にまで鍛え上げておいてくれた仏教の力を借りなければ、私たちはグローバリズムの大海を、向こう岸まで漕ぎ渡っていくことなどできません。

そのために私たちはこれから、仏教からその思想的エッセンスを取り出して、それを対称性人類学の思考と真剣勝負で向かい合わせてみることによって、仏教思想の内部にひそんでいてまだ十分に展開されてこなかった、未知の可能性を取り出してみるという試みに、取り組んでみようと思うのです。これはまだ最初の一歩にすぎませんが、その一歩をこの講義から開始できるということに、私はちょっとした昂奮を味わっています。

ネパールのある朝の出来事

個人的な体験からお話しさせてください。いまから二〇年以上も前のことになりますが、まだ大学院の学生だった私は、生きている仏教の思想を勉強したくて、ネパールに出かけました。そこに亡命してきていたチベット僧たちから、直接に仏教を教えてもらうためでした。

運良くよい先生を見つけ、その先生について仏教の勉強をはじめてまもない頃のことでした。早朝の四時頃にたたき起こされた私は、先生(チベット人は先生のことを「ラマ」と呼んでいます)から先輩の僧についていまから市場《バザール》に出かけてきなさいと、命じられたのです。いったいなんのことかわからずに、急いで身なりを整えて出て行くと、庭には私の同級生でもあった若い小坊主たちも何人か待っていました。彼らはこれから何が起きるのか承知しているらしく、落ち着きはらった様子でしたが、なにも知らされていない私は、市場へ向かってまだ暗い村道を歩いているあいだも、不安で落ち着かない様子をしていたのか、小坊主たちからクスクスと笑われてしまいました。

市場へ入ると、先輩の僧は私たちをすぐにお肉屋さんの店先に連れて行きました。ネパールではその日のうちに売る動物の肉を手に入れるために、早朝まだ暗いうちに店先の脇の小屋で、動物を殺します。その朝も一匹の山羊が連れてこられて、杭に繋がれて不安そうにしていました。お店のご主人と親しそうに話をしていた先輩の僧は、私たちに小屋の前に並んで立つようにと命じるのでした。そして、小坊主たちに前の日に教えておいたとおりの瞑想をするようにと言いつけました。

みんなは目をこらして、眼前でくりひろげられる動物の死をみつめたのです。肉屋のご主人はすばやくナイフをふるって山羊の喉をかき切り、血を失った山羊がその場に倒れると、手慣れた手つきで解体をはじめました。小坊主たちの中には目に涙を湛えている者も何人もいましたが、口々に「オムマニペメフム」という観世音菩薩の真言を唱えながらも、この過程を最後までじっと凝視し続けていました。

一時間もその場に立ちつくしていたでしょうか。あたりはようやく白みはじめてきました。御数珠を懐《ふところ》にしまって、みんなはもと来た道を帰りだしました。私は仲のよかったパッサン・ドルジェという若い僧に、いったいみんなは何の瞑想をしていたのかと尋ねました。すると、あれ、君は何しにここに来ていたのか知らされていなかったの、と少しあきれ顔をしましたが、すぐに親切に今朝の出来事について説明をしてくれました。その話によると……。

あの山羊はお母さんだ

今朝みんなが呼び集められて、市場へ出かけていったのは、いま仏教学校で先生から教えていただいている仏教の慈悲の考え方を実地に瞑想して、理解を深めるためだったのだそうです。人間や動物のように意識のある存在を、仏教では「有情《うじょう》」と呼んでいます(意識のない存在は「非情」です)が、この有情の「心」というものはたとえその生物体が死んでもそれで消え去ってしまうものではなく、より高次元のなりたちをした「心連続体」に合流して、つぎの有情の姿に生まれ変わっていく、と考えています。この考え方によれば、いまある私たちの「個人存在」などというものも、それ自体で孤立した現象ではなく、無限な過去から続いてきた生命の輪廻の巨大な環の、一環にすぎないということになってきます。

さて、ここからが重要なところで、もしそんなふうに私たちの存在が巨大な生命の輪廻の環の中にあらわれる束の間の現象であるとするならば、今朝お肉屋さんの店先に繋がれて、自分の死を待っていたあの山羊、あの山羊はかつて自分のお母さんだったことが一度ならずあったはずではないか、あの山羊がお母さんだった頃、山羊は子供のお前に（このあたりからパッサンの口調は、すでに先生の話しぶりがすっかり乗り移っています）精一杯の愛情を注いで、慈《いつく》しんでくれたはずではないか。

動物の親が子供をかわいがる様子を観察したことが、お前たちにもあるだろう。犬や猫も小鳥も牛や山羊も馬も、子供を外敵から守り、食べ物をせっせと運んだりお乳をあげたりして、心をこめて育てている。そのかつてはお母さんだった「人」が、いまこうして山羊となって、人間に食べられるために殺されようとしている。この山羊は赤の他人などではない。ましてやただの動物でもなければ、お肉になるために殺されるモノでもない。この山羊はお前のお母さんなのだ。そう思ったとき、自分の心にわきあがってくる感情を、ようく見つめるのだ。その感情が、いつか慈悲の大木に育つ。この世のありとあらゆる生き物たちは、お前の母親であり、父であり、兄弟であり、姉妹であった者たちだ。このことを忘れてはならない。

こういう瞑想をしていたんだよ、とパッサンは教えてくれました。その頃私はまだチベット語がよくできませんでしたから、前の日の講義で先生の語っていた内容を理解していなかったのですね。それにしてもこの話を聞いた私は、さきほどの光景を思い出して、激しい感動におそわれたのです。山羊と私がたしかな連続体としてつながりあい、山羊と私のあいだに同質性をもったなにかが流れている。そのことを理解した瞬間に、心の中に愛ともなんともつかぬ激しい情動がわきあがってきたのを、よく憶えています。

家に戻って朝食のときにそのことを先生に話しますと、その気持ちが仏教の思想のいちばんの基本となるもので、人間の「心」はその気持ちを大地として、天に向かって成長をとげていくのだ、と語られました。それが、私と仏教との本当の意味での最初の出会いだったと言えます。

対称性の思考としての仏教

この朝の体験は、仏教の本質についてなにかとても重要なことを、私に教えてくれました。一念発起してネパールにやってくるまで、私はレヴィ＝ストロースの神話学を熱心に学んでいましたから、神話の語られていた社会では、動物と人間は違う存在ではなく、おたがいのあいだに同質の本質が共有されているという思想が抱かれていたことを、よく知っていました。神話の思考によれば、かつては動物は人間と同じようにことばをしゃべり、結婚をしたり、おたがいの富を分け合って生活していた仲間でした。人間もいまのような頑《かたく》なな存在ではなく、そうしようと思えばいつだって動物に変身して、動物たちのつくる社会を訪問して親しくおつきあいもできる能力も持っていたのです。

ですから人間が狩猟の現場で、動物を殺そうとするとき（そうしなければ、人間は生きていけませんでしたから、それはやむを得ないことでした）、自分の兄弟姉妹、あるいは自分の妻や父母に向かって、矢を向けているということになります。この認識が、かつての狩猟民たちの心に、自然にたいする畏敬の感情を発生させていました。人間と動物のあいだには、同質の本質が共有されているのですから、狩猟民たちはそういう自然をモノとして扱おうとしませんでしたし、乱獲や破壊を抑える心理的ないし思想的な歯止めが、人の心の中には厳然として存在し、偉大な働きをおこなっていたのです。

このような考え方の生まれ出る源泉を、私たちは「対称性の論理」または「対称性の思考」のうちに見出してきました。それは現生人類の「心」の本質をなす流動的知性の中から直接に生まれ出て、神話的思考をとおして個人と社会に有効な働きかけをおこなっていました。流動的知性とは無意識のことでもあります。そしてこの無意識は大脳の自然過程に直接なつながりを持っています。つまり、無意識をとおして、人間の「心」は自然に、そして宇宙に直接的につながっています。

そういう神話の思考とまったく同質のものを、その朝私は仏教の中に見出した思いがしました。自ら動物を殺すことを否定する仏教が、狩猟民とは違うやり方で、対称性の論理を発動させている様子を、はっきりと見届けたのです。神話の時間の中では、人間と動物を区別している隔たりが消滅するために、そこでは動物がしゃべり、人間が動物と結婚することも自在です。仏教では、それと同じタイプの思考を「時間」の軸に投影して、展開しようとしています。こんどは不変の「心連続体」が、人間と動物をつなぐ同質性となります。この「心連続体」が輪廻転生をくりかえすうちに、ありとあらゆる生命の姿をとって現象することになるわけですから、遠い過去のどこかの時点で、いま目の前にいる動物が自分の母親や姉妹であったことがあっても、少しも不思議ではないでしょう。仏教はこのようにして、神話的思考が空間軸で展開している思想を、時間軸に投影して展開しているのだ、と考えることができます。

神話的思考	←　対称性の思考　→	仏教思想
空間軸	←→	時間軸
同質な霊力	←→	同一の心連続体
人間と動物の夫婦愛	←→	動物の母性愛

仏教の中で働いている思考を、神話が駆使してきた思考とのつながりでとらえることができるのではないかという考えが、私のうちに芽生えたのはこのときからでした。そして、仏教の長い歴史の中で展開されたさまざまな思考を詳しく調べているうちに、その確信はますます強いものとなっていきました。仏教とは（正確には「大乗仏教としての仏教」と言わなければならないでしょうが、ここであまり問題を複雑にしたくありませんから、いまは簡単にこう言っておきます）、無意識＝流動的知性の本質をなす対称性の論理に磨きをかけて、その可能性を極限まで追求した思想にほかならない。これが私の確信です。

対称性の倫理と非対称性の道徳

『熊から王へ　カイエ・ソバージュII』の中でもくりかえし語

られていますように、人間と動物のあいだには神話的思考が発見した対称性の関係があるために、狩猟民の世界には動物の乱獲もおきなかったし、動物たちの暮らしている領域をみだりに人間がおかして、彼らの生存を危うくするなどという危険が発生することもまれでした。つまりそこでは、動物たちにたいして、自然にたいして、人間はきわめて「倫理的」なふるまいをしていたわけです。

このように、神話的思考が人間の生きる指針をあたえていた社会にあっては、対称性の論理そのものが人間の倫理的なものの考えや生き方を生み出していたことがわかります。対称性の論理は、ふつうの論理に従いません。そういう「ふつうでない論理」から倫理の思考は生まれてくると、このことを言いかえることもできるでしょう。そのかわり、科学を支える合理的思考のおおもとになっているアリストテレス型の論理からは、「道徳」が発生してくるでしょう。道徳は合理的思考が納得する形に表現できる命令だと言えますが、倫理が人々に命じているものは、対称性の論理に支えられたものとして、めったなことでは合理的な推論から生まれてこないのです。

たとえば、世界中の狩猟民たちがかつては自分たちの殺した動物の遺体について、きわめて慎重な取り扱いをおこなっていたことを思い出してください。毛皮をすばやく、そして傷つけることなく剝がしたあと、肉や脂肪の部分はていねいに切り分けられて、どんな小さな器官でもおろそかな扱いをしませんでした。全部を無駄なく食べるのです。そして最後に残った骨はていねいに集められて、お祈りといっしょに川や湖に慎重に流されるのです。このような狩猟民の行動を、人間と動物を区別したり分離したりする、非対称性の論理から導き出すことは不可能です。

このような行動を支えているのは、人間と動物のあいだに対称性の関係を打ち立て、両者のあいだに贈与関係をなりたたせる対称性の論理にほかなりません。この行動はまぎれもなく、動物にたいする人間の倫理的な態度をあらわしていますが、その行動の理由を説明できるのは、対称性の論理でしかないのです。

おそらくどのような道徳も、狩猟民たちが何万年ものあいだ続けてきたこういう不思議な行動を支持することはないでしょう。道徳を告げる神は、人間とのあいだに打ち立てられた非対称的な関係にもとづいて、それをおこないます。預言者モーゼの前にあらわれた一神教の神ヤハウェがそうでしたし、それから数千年後の哲学者カントも、道徳の本質についてたしか似たようなことを語っていましたっけ。

対称性の思考にもとづく新しい「倫理学」を、私たちは創造しなければならないのではないでしょうか。現生人類である私たちの先祖は、かつてはそのような倫理をよく知り、それにしたがって自然の一部である自分たちのささやかな領分を守って、生きる努力を重ねてきました。自分だけの利益を図ったり、功利的な目的を追求しようとするたびに、対称性の思考による倫理がストップをかけてきました。対称性の倫理にしたがえば、部分は全体とつねに一致していなければならないのですから、全体性のバランスを破壊する恐れのある個人的利益や功利主義的追求は、否定されなければならないからです。そして、そのたびに豊かな知恵の持ち主たちが登場してきて、全体性のバランスを壊すそうした試みにストップをかけてきたのです。

倫理による命令は、つねに「部分と全体が一致する」という対称性の論理にしたがおうとします。そのために、こうした倫理は合理化することができません。しかし合理化不能な倫理によって、地球上の生態系のバランスは保たれてきたのです。私たちが今日、人類の知性を結集してつくりださなければならないものは、このような倫理なのではないでしょうか。そのために、私たちには神話の研究が必要で不可欠です。またことによるとそれ以上に、私たちは仏教から多くのことを学ぶ必要があります。なぜなら仏教こそ、対称性の思考という原初の知性形態（流動的知性と呼んできたものです）に磨きをかけて、それを完成形にまで発達させようと試みてきた、ほかに類例のない倫理思想だからです。

菩薩のための贈与論

「菩薩 Bodhisattva」というのは、大乗仏教の理想を表現したものです。そこには対称性の論理の極限まで展開された思考を、いくらでも見つけ出すことができます。たとえば『金剛般若経』という比較的初期の大乗仏典には、ブッダ（世尊）の言葉としてつぎのようなことが書かれています。菩薩はどんな心構えで、ほかの人たちに事物の形で布施をしなければならないか、対称性人類学の言葉に言いかえれば、純粋な贈与が事物の贈与としておこなわれるとき、それはどのようにしておこなわれなければならないか、という難しい質問に、ブッダが答えて語った言葉です。

さらにまた、スブーティ（これはブッダの弟子の一人です）よ、菩薩は事物に執着しながら布施をすべきではない。何かに執着しながら布施をすべきではない。——つまり、色形《いろかたち》（色《しき》）に執着しながら布施をしてはならないし、音声やかおりや味や触れられるものや、心の対象（法）に執着して布施をすべきではない。というのは、スブーティよ、偉大な菩薩は、相の観念にさえもとらわれないで、布施をしなければならないからである。それはなぜか。スブーティよ、菩薩が執着することなく布施を行なうならば、その功徳《くどく》の集積した量は、容易にはかりえないものとなるからである（『大乗仏典』中央公論社「世界の名著」第二巻）。

布施《ほどこし》というのは、贈与のいちばん純粋な形をあらわしています。しかし、『愛と経済のロゴス　カイエ・ソバージュIII』に登場してきた慈善家の貴族院議員のように（志賀直哉の小説『小僧の神様』の登場人物です）、ふつうの人間にはなかなかそれを純粋な形で実行するのは困難なのです。その話の場合には贈り物はおいしいお寿司でしたが、贈与がなにかの物質性をおびた「贈り物」をとおしておこなわれると、たちまちそこに不純なものが混入して、まじめな慈善家にひょっとしたら自分のしていることは偽善なのではないか、という胸苦しい疑惑を突きつけてくることになります。

ブッダはこの難問にどう答えているのでしょう？　布施は純粋な贈与としておこなわれなければなりません。もしも、何かの事物を相手に布施したときに、自分はその人に何かの贈り物をした、それによって自分は善いことをした、仏教の言い方ですと功徳を積むことができたという考えが、一瞬間でも浮かんできたとすると、もうその布施は交換の思考によって汚されてしまいます。何かを贈与したことで、自分が何かを見返りに受け取ってしまうからです。なにもしないでいればそんな悩みも発生しないですむのですが、大乗仏教徒の理想である菩薩は、なにもしないために失敗もおかさない臆病者であることを自分に禁じて、贈与という危険きわまりない行為に、あえて乗り出していく勇気をもたなければなりません。

ブッダはここで、つぎのようなことを語ろうとしています——布施は純粋贈与の行為でなければならないが、そこに少しでも「私は何かをこの人に贈与している」とか「これが贈与の品物である」とかいった思いが混入すると、たちまちにして交換の環の内部に落ち込んでしまうだろう。交換は非対称性の原理によって動いていく経済行為である。そこでは、与えた物にたいする等価価値を相手に返す義務が発生する。布施は、純粋贈与として、そういう交換の環に落ちてはならない。贈り物を通して「贈る者」と「贈られる者」の区別や分離がまったく発生しない状況、つまり完全な対称性の状況の中でだけ、純粋贈与は可能になる。菩薩はそのような対称性の思考の「理想」を体現するものでなければならない。他から、いっさいの「差別相」が発生してこないような「心」の状態を維持したまま、布施の行為はなされなければならないのである。

ブッダが語る「贈与論」は、あきらかにマルセル・モースの「贈与論」(これは *Essai sur le don* という有名な本に展開されました)の矛盾点を明白にして、それを乗り越えるための具体的な方策までしめそうとしています。あるいは、デリダの「贈与論」(*Donner le temps* などで展開されている思想のことを指しています）が立ち止まってしまう地点を越えて、人間の知性の可能性ぎりぎりのところまで進んでいこうとしています。もちろん、私たちのような「凡夫」に、ここでブッダが要求しているような純粋贈与の行為を現実におこなうことはまず不可能なことでしょうが、贈与の「理想＝イデアル」を現実世界の中に持ち込むことによって（それは無限集合を現実の世界に持ち込んで数学の思考をおこなう行為と同じです。私たちはあとで、これが対称性の論理そのものの要求でもあることを示そうと思います）、人類の新しい生きる指針を提出しようとしている点で、大乗仏教のおこなった思考と実践はまったく画期的なことでした。

玉虫厨子（法隆寺蔵）の捨身飼虎《しゃしんしこ》図（部分）

動物の利他心と菩薩の利他心

じっさい仏典によれば、ブッダはみずからこのような純粋贈与としての布施を実践してみせた、といいます。ネパールのカトマンズ盆地の東方の山中に、「ナーモブッダ」という有名な聖地があります。ここはブッダがブッダとして生まれる前世において、お腹をすかせた虎の母親に自分の生命を投げ出して与えるという、驚くべき行為をなしとげた場所だと言われています。

この崇高な行為によって、前世のブッダは最後の壁を突破して、自分の身体にたいする執着をさえ捨て去ることができたのだ、というのが仏典の語りたいテーマです。たしかにそこで、「食べる者」と「食べられる者」の区別さえ消失しています。そうなると生命連鎖の環自体が、意味を失ってきます。若者の生命が失われる、虎の親子が少しだけ生命を永らえることができる、そうしたことの「差別相」さえ、消滅しています。贈与の主題に関して、これほど過激な思考実験は空前絶後と言えるのではないでしょうか。

もちろんそういう話自体は、神話的思考の領域に属する物語にすぎないとは思われますが、ブッダに生まれ変わるための修行の完成が、このような純粋贈与の完全な実践であったことは、憶えておいてよいことだと思います。じっさいこのとき前＝ブッダがとった行動は、サハリン島に住むニブフ族の神話として語られている、一匹の雌熊のとったつぎのような崇高な行動を思い出させてくれるでしょう（『熊から王へ　カイエ・ソバージュII』参照）。

ニブフの猟師が熊穴に落ち込んで、熊の社会の仲間入りをして、何日も滞在を重ねていました。熊はこの猟師をねんごろにもてなしてくれた。それというのも人間のニブフたちが盛大な儀礼をおこなって、たくさんのお供物や食べ物を熊たちの霊の世界に贈り届けてくれていたからです。熊穴の中には、たくさんの熊の霊がすんでいました。彼らは人間と同じかっこうをして、社会生活を営んでいました。外に出かけるときには壁に掛かっている熊の外套を着込みます。すると熊の霊は肉体をそなえたじっさいの熊になるのです。

春になりました。下流の人間たちの住むところから、猟師たちが狩りに出かけるのを、熊たちもしばしば見かけるようになりました。そこで熊たちの会議が開催されました。人間のくれた贈り物へのお返しとして、今度は誰が熊の肉体になって、人間たちのもとに熊の肉と毛皮を届ける役目をするのか、ということを決めなければならないからです。いくら話しあっても、雄熊たちは尻込みをして、自分がその役になろうと言い出す者がありません。「あれは痛いからねえ」とか「また霊に戻る瞬間の苦しさといったらないからねえ」とか言い訳をして、誰も手を上げようとしないのです。まったく私たちのまわりでおこっているのと、そっくりですね。

ヒグマの親子（©PRS/PPS通信社）

するとき雄熊たちの会話を聞いていた一匹の雌熊が、ついに業《ごう》を煮やしてみんなをどなりつけてこう言いました。「まったくどいつもこいつも臆病者ばっかりだね。人からいただいた贈り物をうまそうにむさぼり食うだけで、それにお返ししようという立派な心をもった熊は、この中には一匹もいないのかい。いいだろう。私が人間のお客として降りていってやろうじゃないか」。こう言い放った雌熊は外套をはおって、外に飛び出していきました。外にはニブフたちの槍が待ちかまえていましたが、勇敢な雌熊は泰然としてその槍の前に自分の体を投げ出していったのです。その雌熊こそ、じつは熊の霊の世界にごやっかいになっているニブフの男の妻だったのでした。

狩猟民たちの伝承を注意深く調べてみますと、そこによく猟師の不思議な体験として、まるで自分の生命を差し出すようにして、猟師の武器の前にあらわれてくる動物のことが語られています。そういう体験をすると、猟師たちはこう考える癖がありました。「ああ、この熊は、腹をすかして困っている人間たちを救うために、こうして命を投げ出してくれているのだなあ、なんと気高い心をもった生き物ではないか」。こういう体験と思考の蓄積の中から、ニブフの神話は生まれてきたものなのでしょう。

さてこのとき熊のとっている不思議な行動を、狩猟民は対称性の論理にしたがって解釈しようとしています。熊がお腹をすかせた人間たちを救うために、自分の生命を投げ出して与えているのですから、この状況はお腹をすかせた虎の立場から見た前世のブッダの行為とそっくりだと、言うこともできるでしょう。ようするに、仏教が「身体への執着をなくす修行」への実践例として語っている「ブッダの捨身行」という行為は、対称性の論理をとおして世界の出来事を（最古の哲学の流儀で）解釈しようとしてきた現生人類数万年の思考実験のピークに出現した、もっともラジカルな「贈与論」にほかならないのではないでしょうか。

もっとも高度に発達した野生の思考

「仏教は野生の思考のもっとも高度に洗練された形態にほかならない」と、私は『熊から王へ』の中で語ったことがありますが、その言葉に含まれる本当の意味が、ようやく私たちのまえに開示されてきたような思いがします。野生の思考は科学的思考と同じ二項操作によって作動する、論理的な「構造」を持っています。そして、その二項論理的な「構造」を利用して、神話のような形をとおして、野生の思考は対称性の論理によって展開していく、独特の「思想」を語り出そうとしてきました。

仏教の場合もそれとよく似ています。仏教は古代のインドで発達したおかげで、高度な哲学的伝統に取り囲まれながら、自分の思想を展開してこなければなりませんでした。その結果として、仏教はアリストテレス型の厳密な二項論理を駆使しながら、ふつうの哲学者たちのおこなう論理的思考のすべてを根底からくつがえし破壊してしまう、恐るべき対称性の論理の高度に洗練された表現をおこなうという、かつてない冒険を敢行してきたのだと言えるでしょう。

『悲しき熱帯』に語られたレヴィ＝ストロースの直感は正しかったのです。神話の思考のうちに「人類最古の哲学」を見出すような人は、かならずや仏教のうちに、ひとつの完成形態を発見することになったはずなのです。ほかの大宗教はどれも、新石器型の野生の思考を否定することによって、新しい文明型の宗教をつくりだしてきました。とくに一神教の場合、野生の思考にたいする否定は徹底していたために、そこに発達した文明はどれも手のつけられないほどに頑固な「非対称性」の特徴をおびることになりました。ところが仏教だけは、そうした大宗教の中にあってただ一人、野生の思考との共通地盤に立つ対称性の思考の可能性を、最後の帰結にまで発達させるという試みに挑戦してきました。

　今日、仏教の可能性に私たちがふたたび注目しはじめているのは、まったくそういう理由によるのです。

仏は無意識である（1）

　対称性の論理は、フロイトの発見した無意識の働きの特徴をしめすものだ、と精神分析学は教えています。また構造人類学は、神話的思考は無意識のおこなう思考であるという認識から出発して、そこにまぎれもない対称性の論理の作動を見出すことになりました。また経済の行為というものを調べていた私たちは、それが交換の原理と贈与の原理という二つの異質な原理の組み合わせとして作動していることを見出してきました。そして、交換の原理がそれに関わるモノや人を分離しようとする非対称性の特徴をよくしめしているのにたいして、贈与の原理は贈与されるモノを媒介にして、人と人とのあいだを結びつける流動性を発生させるという点において、あきらかな対称性の論理の特徴をしめしているのを見てきたのでした。

　このような特徴のすべてが、仏教とりわけ大乗仏教の中に再発見されることになります。フロイトの見出した無意識は、自己と他者の区別をおこないません。また個体性の認識をおこないません。個体はそれを包み込むより大きな実在（「個」にたいする「種」と言ってもいいでしょう）の中に発生した、ささやかな「結び目」のようなものにすぎない、と無意識は語るのです。興味深いことに、仏教が同じことを主張するのです。いや、同じというのは正確な言い方ではありません。仏教は無意識が「無意識的」に語っていることを、ひとつの哲学的真理であり、実践のめざすべき認識と生き方の目標として、指し示そうとしています。

仏教の考えでは、自己というものは実在していません。それは無限の広がりをもつ出来事の連鎖（縁起《えんぎ》）のささやかな結節点に、束の間のあいだ生じてくる「結び目」のようなものにほかなりません。それは、結んではほぐれ、ほぐれてはまた結ぶ、際限もない過程の中にできた束の間の「結び目」にすぎないのですが、私たちはそれを永続する実在と錯覚して、そこからさまざまな錯覚や幻想を紡ぎ出すことになります。自己というものが実在しないのなら、とうぜん他者や対象というものも実在しません。すべては広大な縁起の相互作用のうちに発生する泡の効果にほかなりません。それなのに、自己は実在すると錯覚して、それに執着する人間は、また自己の外にあるものを欲望の対象として執着します。

つまり、妄想でつくりだされた世界は、非対称性の原理によって動かされているわけです。このような妄想を吹き払うことによって、正しい認識を取り戻していくことを、仏教は説いています。そこには自己と他者の区別はなく、概念による世界の分離もなく、あらゆる事物が交換の環を脱出した贈与の空間で交流しあっている、それが無妄想によってとらえられる世界の裸の実相だと、仏教は考えるのです。まったく不思議なことだとは思いませんか。フロイトをはじめとする精神分析学の伝統は、無意識こそが妄想の源泉であり、ふるさとであると考えてきました。それなのに、仏教の思想的伝統では、そこで言われている無意識こそが、自己への執着を捨てさえすれば、正しい認識である「悟り」の涌き出す源泉だと教えるのです。

ここで語られていることを、対称性人類学の言葉で言い直してみましょう。すると、こうなります。現生人類の「心」は、そこに流動的知性が発生した瞬間から、宇宙に生まれ出たのです。流動的知性は（数百万年かけて）ヒトの大脳の中に形成されてきた領域化された知性の働きというものを、横断的に流していく、新しい働きをもった知性です。領域横断的または脱領域性を特徴とする流動的知性は、その本性からして「対称性」の原理にしたがう作動をおこないます。そこには自他の区別はなく、部分と全体は一体であるという全体的な直感認識が、自然発生的におこなわれています。またその知性は、三次元よりも高い次元で働く高次元的な知性でもあって、いつもものごとの全体をとらえようとしています。しかし、このような対称性の働きを特徴とする知性は、現実世界の認識のために発達してきた、非対称性の知性とは、多くの点で対立しあうことになります。非対称性の知性は、現実に対応できる「意識」の働きにほかならないのですが、この「意識」の働きによって、流動的知性の働きが抑圧されるときに、はじめてそれは「無意識」として、私たちの「心」に形成されることになるのです。

野生の思考は、流動的知性そのものである対称性の思考と、現実世界に対応する思考として発達してきた非対称性の思考との「バイロジック」として、バランスのとれた発達をとげてきました。とくに人間がいったい自分はどこからやってきた存在であり、宇宙の中でいったいどんな位置を占めている生き物なのか、ということを認識しようとするときには、このバイロジックな機構のうちの対称性の思考の部分が、大きく表面に浮上してくることになります。そして、そこにつくりだされたのが、数々の神話であり、ユニークな儀礼であり、儀礼の内部に生まれ出た高度な形而上学的思考である「秘密の知恵」の伝統でした。

ところが、国家というものが出現すると、新石器的な野生の思考が保ち続けてきた、対称性の思考と非対称性の現実思考との、バイロジック的な結合体は破壊されてしまうことになったのです。対称性の思考はもともと分裂症的な特質をそなえているものですが、国家の出現とともにパラノイア的な宗教が、神話や儀礼の活躍していた場所を占拠して、人々のものの考え方を変えてしまいました。そういう時代に、つまり大国家がつぎつぎと地球上に出現していた時代に、仏教が登場してきたのです。

仏教はパラノイア（妄想）を消し去って、人間が正しい認識に立ち戻ることのできる、具体的な方法を示してみせました。野生の思考がおこなわれていた社会では、自我の肥大は起こりえないことでした。そこでは「部分と全体が一致する」対称性の思考が、いつも作動をおこなっていましたから、自己は「種」としての社会の一員であり、自然の一員であり、宇宙の中のささやかな一員としての意味しか持ち得なかったからです。仏教が挑戦したのは、すでに国家というものが発生して、自然と人間とのあいだにバランスをつくりだしていた対称性－非対称性のバイロジックな均衡が破壊されてしまった後の世界に、失われたものよりもさらに高度な均衡を生み出すための道を、探求することでした。

その結果として、仏教は流動的知性の働きに注目することになったのでした。人間の「心」の組成の中で、「無意識」として抑圧されているその流動的知性を前面に引き出して、そこに内蔵されている可能性を思うさま限界もなく発達させてみることの中から、現生人類である人間に新しい道を開いてみせることこそ、仏教という巨大な思想運動のめざしていたことのように、私には思われてしかたありません。野生の思考には、仏教としてのつぎの発達段階があったのだ——このように考えるとき、私たちの中にたしかな希望がわいてくるのを感じませんか。科学を発達させた人間は、それによってけっして賢くなったりしませんでした。知恵は「心」の中の科学的思考とは別の働きをするところからしか、発生できないからです。まさに無意識＝流動的知性こそ、知恵の宝庫なのです。

仏は無意識である（2）

このことを、じっさいに見ていってみましょう。もしも対称性の論理で作動する無意識こそが「心そのもの＝仏性」の住まいであるとするならば、「抑圧されていない無意識」の状態は、仏教で言う「悟った心」というものと直接のつながりを持っているはずです。この問題を探求するには、中国と日本で発達した「禅仏教」を詳しく調べてみるといいでしょう。禅くらい「心そのもの」に真っ正面から取り組んで、その性質をすぱっと言い切ってみせた仏教もめったにないからです。

中国にはじめて禅仏教を伝えた達磨大師（ボーディダルマ、六世紀前半の人）の語ったじっさいの言葉を編集したと言われる『無心論』には、「心」というものがつぎのように説明されています。

弟子は先生にたずねる。「心は有るのですか、無いのですか」

答え「無心だ」

問い「無心なら誰が見たり聞いたり記憶したり判断したりするのです。誰が無心だと判断します」

答え「やはり無心が見・聞・覚・知する。無心が無心だと判断する……ほかでもない、見・聞・覚・知することがつまり無心なのだ。見・聞・覚・知するもの以外に、どこに無心があるものか。君には恐らくわかるまいゆえ、ひとつずつ君に説明して、道理を悟らせてあげよう。まず、見るというのは、一日じゅう見どおしでも見るものが無いのであって、見ていて無心なのだ。聞くというのは、一日じゅう聞きどおしでも聞くものが無いのであって、聞いていて無心なのだ。記憶するというのは、一日じゅう記憶しどおしでも記憶するものが無いのであって、記憶していて無心なのだ。判断するというのは、一日じゅう判断しどおしでも判断するものが無いのであって、判断していて無心なのだ。一日じゅう意志を働かせどおしで、意志しながら意志するものが無いのであって、意志していて無心なのだ。これを、見・聞・覚・知しながら全く無心だというう」

人々に愛された達磨大師（東京・深大寺のだるま市）

問い「どうして無心だとわかるのです」
答え「君ひとつ、くわしく探してごらん。心はどんな顔をしている。またそいつは見つかるのか。心なのか、心でないのか。内にいるのか、外にいるのか、それともその辺にいるのか。そんなふうにして三方に心を探し求めても、さっぱり見つかりはせぬ。してみると、それが無心だとわかる」（「無心論」『禅語録』中央公論新社）

ここには私たちの「心」というものが、「無心」と「心」のバイロジックで作動していることが、はっきりと説かれています。無心には顔がありません。つまりそれは抽象的な流れるものであって、心的機構のうちのどこにも所属していません。判断する心がそれをつかまえようとしても、無心はすぐさま形を変えて流れ去っていくので、同一性を与えることができません。つまり、無心は「心」の中でたえまなく働いてはいるものの、どこにも領域化できないし、特定の性質を与えることもできないし、またどんな同一性を考えることもできません。しかしそれは、思考や感情の働き（心の働き）がおこるたびに、それとまったく同じ場所で三次元的な見・聞・覚・知を越えた、高次元な認識を続けています。つまり、心の作用が浮かぶたびに、同じところに無心の働きが観察されるのですが、それは顔もなければ形もない、同一性も性質ももたない、高次元の「のっぺらぼう」だと言うのです。

仏は無意識である（3）

禅の語る無心は、どうやらまちがいなく私たちが流動的知性と呼んできたものと、同じもののように思われます。つぎのような歌を聞いていると、ますますそう思えてきます。この歌では、先生の教えによって「悟り」を得た弟子が、無心としての「心」の本性を語り出しています。

心はいとも静かで、いろかたちが無い。
眼をすえても見えず、耳をかたむけても聞こえぬ。
暗いようで暗くはないし、明るいようで明るくもない。
捨てようとしても無くならぬし、取ろうとしても姿を見せぬ。
大きいとなると法界にゆきわたり、小さいとなると毛の端ほども姿を留めぬ。
迷いがかきみだしても濁らないし、寂滅の境におちついても、澄まぬ。
真なるものとして、もともと分別することなしに、
心あるものと心なきものをちゃんと処理する。
しまいこむと何も残らないし、散らばると一切の生き物にゆきわたる。

不可思議は知恵ではかれず、大覚は修行のみちをたちきる。
姿が消えても壊れたわけではないし、姿が現れてもできあがったわけでない。
大道はひっそりと、固有の形がなく、現実はとほうもなくて、名づけようがない。
かくて自由に運動するもの、これぞすべてが無心の精だ（前掲書）。

ここに語られている無心というものを、精神科医マッテ・ブランコが分裂症の臨床研究をとおして取り出してきた無意識の特徴と比べてみると、あまりの類似性に驚かされることになります。無意識には色も形もなく、固有の形態や同一性をもっていません。それは圧縮や置き換えのプロセスをとおして、伸縮や移動をくりかえしている自由な流動体で、それ自身が無限集合としての深さと広がりを持ち、無限小と無限大の特性をあわせもっています。高次元の認識力がそなわってはいても、ものごとを分離して秩序づけていく「分別する知性」とは違うやり方で認識をおこなっているので、無意識はまるで「無分別」のように見えるのです。

意識作用のおおもとには無意識がセットしてある、とフロイトやユングは言います。それと同じように、人間の「心」の本体は無心である、と禅仏教は主張するのです。「人々はまちがって、無心の中で勝手に心を起こして、さまざまな業をこしらえて、勝手に有ると思いこんでしまうから、六道《りくどう》に輪廻し、はてしなく生死をくりかえす外はなくなる。……暗がりに一たん太陽の光がさすと、暗がりは何も残らぬようなものだ。それと同じように、無心に気付けば、どんな罪も消えてしまう」（前掲書)。

この言葉を私たちの言い方に置き換えてみると、こうなるでしょう。ホモサピエンスの「心」のおおもとは流動的知性だ。それは高次元で働く対称性の論理によって、世界の真実の姿をとらえている。ところが、人々はその流動的知性の中に勝手に非対称性論理を作動させて、世界を分離と不均質の相貌のもとに見ようとする。言語の構造が、それをバックアップする。神経症的な文明の基礎が、こうしてつくられてきた。しかし、対称性の論理で作動する無意識でもあるこの流動的知性の働きを、さまざまな実践をとおして回復していく試みの果てには、いつか「かくも自由に運動するもの＝心」を人間が取り戻していくことも、不可能ではないでしょう。

仏教は宗教ではない

このように仏教が語っている思想は、とても斬新で、革命的なのです。ところが、いまではそれが見えにくくなってしまっています。それは、仏教をまるで宗教のようにして取り扱い、そのことで利益を得る人たちがいたからでしょう。しかし、そういう宗教化した仏教の生命は、現代においてはすっかり衰えてしまっています。仏教がいまだに未解放のまま自分の内部に秘め持っている思想的可能性を考えると、このような事態はまったく残念でなりません。私たちは仏教を宗教として見ることを拒否しなければなりません。仏教はむしろ、私たちがこれから生みだそうとしている新しい対称性の知性の、もっともすぐれた先行者とみなすべきです。

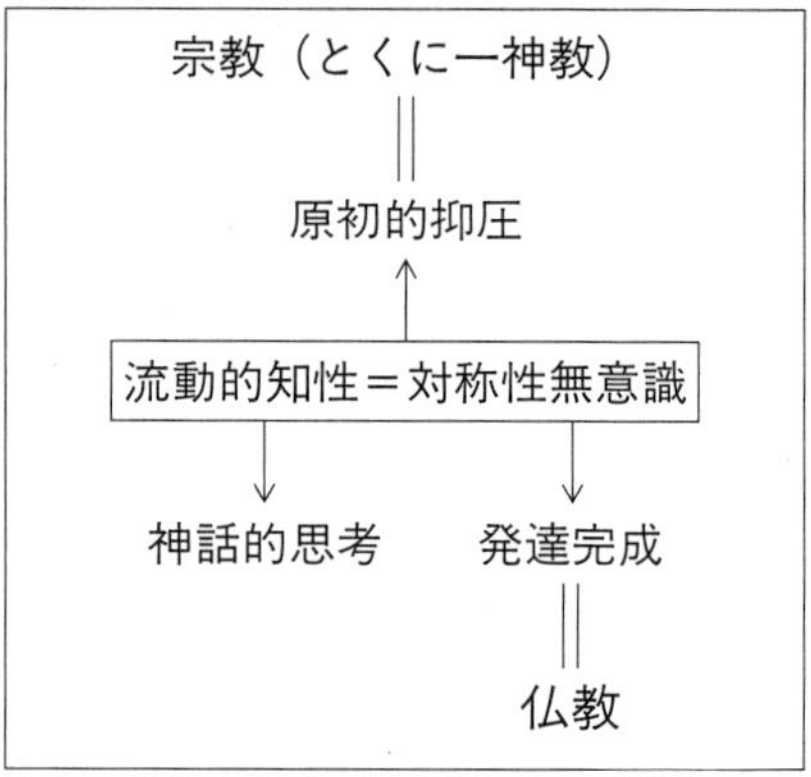

フロイトは宗教の本質は神経症にあると喝破していました。フロイトがそのさいに問題にしている「宗教」とは、ユダヤ教やキリスト教のような一神教のことをさしていますが、超越的で完全なる神を人間の外に立てることで、そうした宗教は人間の「心」を脅迫神経症的な状態に追い込んでいくというのが、彼の基本的な考えでした。ラカンはこういうフロイト説を大筋では認めながらも、それに現代的な再解釈をほどこそうとしました。無意識が形成されるときもっとも原初的な形として「一次過程」が、人の「心」の中につくられますが、その一次過程は高次元のなりたちをしているので、そこでは私たちの知っているような表象作用 signification がおこなわれません。表象作用がはじまるためには、高次元の流動性である一次過程を抑圧する必要があります。

つまり、言葉をしゃべる動物としての人間が出来上がるためには、生命的な一次過程を押さえつけて、三次元的な現実世界で通用する論理が動き回れるための「平面」がつくられなければなりません。そのために「心」の奥底では「原初的抑圧」がたえまなくおこっていなければならないのです。キリスト教をはじめとする一神教の宗教というのは、この「心」の奥底におこっている原初的抑圧という根源的な出来事を重要視しました。その原初的抑圧にこそ人間の〈徴〉があると認めて、そこに彼らの神を置いた――フロイトの考えを発展させて、こうラカンは考えました。生命的な過程を抑圧するとき、神経症があらわれます。この意味では、フロイトの言っていたことは正しかったわけです。宗教は強迫神経症があらわれるのと類似の機構を出発点にしているのですから。

このように考えてみると、仏教は宗教ではない、ということが厳密な意味でも言えるのではないでしょうか。仏教は表象作用が発生できるための条件をつくりだす原初的抑圧にたいしては、むしろ否定的な見方をします。達磨大師の言い方を借りれば、原初的抑圧のおかげで、無心はたちどころに心につくりかえられて、妄想の世界に巻きこまれていくのですから、そんなものを神的な出来事として記念する宗教などというのは、いかがなものであろうか、と仏教思想は考えるでしょう。むしろ仏教は現生人類の「心」の基体である無意識の働きを抑圧するどころか、その反対に無意識の働きを全面的に発達させ、その働きを完成に近づけていこうとしているからです。

神話的思考から仏教まで、そこにはたしかに堂々として太い連続するものを認めることができます。

第六章

原初的抑圧の彼方へ——仏教（2）

先駆者としての仏教

前回に引き続き、流動的知性＝対称性無意識の全面的発達をめざした思想の冒険として仏教をとらえ直す、私たちの試みを続行することにいたしましょう。

仏教は宗教ではない、と言いました。仏教は、言語的な知性が発生するのに必要な「原初的抑圧」のシーンを、ことさら誇大に取り上げて強調する宗教とは異なって、むしろこの「原初的抑圧」の向こう側に広がる、流動的知性の働きの中に踏み込んで、その働きを全面的に開花させて、ふつうの論理で動いている世界にその働きを持ち込んで、世界を変えようとする思想であるからです。

そのために、仏教といわゆる野生の思考は、多くの共通点を持つことになるのです。野生の思考は、とくに神話の論理として、かつては人類の思考の最大特徴をしめすものでしたが、そこでは流動的知性のいちばんの特質である「対称性の思考」が駆使されていました。神話的思考もまた、流動的知性の働きに直結していました。神話はそこで、人間の社会と動物の社会の対称的な関係を、熱心に語り出すことになったわけですが、仏教も別の思考回路をとおして、同じ結論に達しています。あらゆるものが相互に関連しあい、ひとつとしてこの宇宙の中には孤立した現象はないという思想に立つとき、人間と動物は親子であり、兄弟姉妹であるような関係を取り戻して、おたがいのあいだに慈悲にもとづく友愛の関係が復活するようになるのです。

こうして仏教は、言語的な知性が「無意識」として抑圧している流動的知性の働きに、積極的に、大胆に、入り込んでいったのです。仏教ではこの流動的知性の働きを、特別に「法界《ダルマダーッ》」と呼んで、その構造や働きを詳細に調べ上げる試みをおこなってきました。たくさんのすぐれた知性の持ち主たちを巻きこんだこの探求は、二千年以上も続けられてきましたので、そのあいだに蓄積されたこの世界についての知識は、じつに膨大です。しかし、残念なことに、現代科学も心理学も哲学も、そこで蓄積された知識を積極的に利用してこなかったばかりか、それが「心」の探求にとって、とても重要な人類の遺産であることを、多くの場合に無視してきました。まったくもったいないことだとは、思いませんか。

私たちの生みだそうとしている対称性人類学は、現代のさまざまな知的な探求と野生の思考とを、創造的に結び合わせようとする試みとして、理解することができるでしょう。そのために、仏教が蓄積してきた知識は、私たちにとっては未来を開く宝庫のように見えるのです。宗教としての仏教には、正直言ってたいした関心は持ちませんが、対称性人類学の先駆者としての仏教には、かぎりない魅力を感じているのです。

『華厳経』の助け船

仏教の歴史を見てみますと、『般若経《はんにゃきょう》』に結実している探求のあと、つぎには『華厳経《けごんきょう》』という大きな著作（これは一人の人が書いたものではありません。長い時間をかけて、たくさんの思想家が参画した協同作業がつくりだしたものです）に結晶していく、新しいタイプの探求が発達しています。

『般若経』では、仏教という思想の主題は流動的知性にあることが、高らかに宣言されています。アリストテレス型の論理、すなわち、過去‐現在‐未来の時間系列にそって経験を秩序づけ、私と他者を分離したり、部分と全体を切り離したりする言語的知性の働きにそった論理では、この世界におこっていることを部分的にしか理解することはできないことを、はっきりとしめしたあとで、『般若経』は流動的知性の働きを全面的に発達させたときに、人間の「心」にあらわれてくる知性を「空《くう》」と名づけて、この「空」にもとづいた生き方を探求しようとしています。

そのあとに登場したのが『華厳経』の思想でした。そこでは、『般若経』が手つかずのままに残した問題が、主題に取り上げられたのです。それは、流動的知性はそれ自身としてはどんな論理で作動しているのだろうか、もっと平たく言うと「空」の内部構造はどうなっているのだろうか、という探求です。流動的知性は、対称性の論理で作動しているらしい、というところまでは、私たちも見通しをつけることができましたが、その先までは手持ちの研究手段だけでは、なかなか奥に入っていけないもどかしさを感じていました。そこのところへ『華厳経』が助け船を出してくれるのです。

超対称性の空間へ

『華厳経』では、法界を作動させている論理そのものが、主題として取り出されています。まずは、じっさいにそういう思想がどんなふうに表現されているのか、具体的にお経を読んでみることにしましょう。そうすればみなさんも、私の言っていることが仏教好きの人間の語るおおげさな話でもなさそうだ、とわかっていただけるでしょう。

『華厳経』という書物には、さかんに「無限」という表現が出てきます。このことは、対称性の論理で作動する無意識が無限集合 infinity set の特徴をそなえている、という現代の精神医学の発見（マッテ・ブランコの『無限集合としての無意識』などを参照してください）ともよく対応していますし、じっさいそこに語られていることの内容を現代的に読み直してみると、仏教の思想家たちが「心」というものを無限集合として理解していたことが、はっきりとわかります。では、『華厳経』を開くことにしましょう。

「華厳経」に登場する善財童子（画面右、黒髪の人物。「華厳五十五所絵巻」〔東大寺蔵〕より）

> 十方の世界の海は、さまざまに荘厳《しょうごん》されて広大無辺である。衆生《しゅじょう》の宿業《しゅくごう》の海は広く無辺であり、しかも仏の力によって荘厳されている。
>
> 仏の光明はあまねく一切の世界海を照らしている。この蓮華蔵世界海のなかにおいては、一一の微塵《みじん》のなかに、一切の法界を見ることができる。

すべての諸仏の国土のなかには、普賢菩薩《ふげんぼさつ》が、つねに住んでいて、あらゆる十方世界をことごとく見ておられる。その世界には、限りない功徳がそなわり、智慧に満ち満ちている。その世界は清らかな仏の海であり、一々の微塵のなかに、あまねく一切の国土を映し、表している（「盧舎那仏品」、以下の『華厳経』からの引用は、いずれも鎌田茂雄『無限の世界観』角川書店、一九六九年から）。

私たちの社会では、「無意識」のなかに知恵が満ち満ちているという認識をしている人は、むしろ少ないのではないかと思います。そこでは意識的な知性の働きが重視されていますから、無意識のうちに知性そのものを導いていくような知恵の働きを見出そうとはしないのです。ところが仏教は、言語的な意識の働きでは、全体的真理を知ることは不可能だと考えています。なぜなら、言語の働きとリンケージしている人間の意識的な知性の働きそのものが、おおもとをなすホモサピエンスにはじめてあらわれた原初的な知性である「流動的知性」を抑圧し限定づけをしたうえで、構造の組み換えをしてつくられてきたものであるからです。つまり、流動的知性のほうが、意識的な知性の働きの全体を包み込んでいるような関係にあるわけです。

「十方の世界の海」という表現は、私たちの「心」がとらえている現実の世界のことを指している、と考えることもできるでしょう。そこは無限の広がりを持っていると言われています。たしかに、私たちの生きているこの現実世界は、無限の広がりを持っています。自然数を1、2、3、4、5……

とどこまでも際限なく数え上げていくことができるように、私たちの世界というか宇宙には、無限の広がりを想像したり、考えたりすることができます。

粗大知性の思い上がり

ところが「法界」は、そういう無限の広がりを持つ宇宙をまるごと包み込んで、そこに荘厳な輝きをあたえている、と『華厳経』は言います。

この法界を「完成された無意識」という風に理解するとしますと、流動的知性である無意識は自然数のあらわす無限集合よりも、ずっと広く、ずっと深く、ずっときめ細かくできた、一ランク上の無限集合だということになるでしょう。数学の言い方を借りると、流動的知性は言語的な知性よりも「濃度が高い」無限集合である、ということになります。

仏教は知性の働きには「粗大知性」と「微細知性」の二つの働きがあると言います。流動的知性はこのうちの微細知性をあらわし、言語と一体になって意識の働きを生み出す知性のほうは、粗大知性に分類されるでしょう。別の言い方をすると、対称性で作動し、高次元的なありたちをした無意識は微細知性の働きをすることができるけれども、非対称性の論理を働かせて、三次元のなりたちをした現実の世界を認識する意識は、粗大知性ということになります。

「心」はこのように、粗大知性とそれを包み込む微細知性のバイロジックとしてできあがっているのですが、粗大知性はしばしば自分のことを全体的真理であるという、思い上がった慢心を抱きがちです。国家をもたない社会では、こういう慢心がまとまってひとつの社会組織をつくりだすということは、けっしておこりませんでした。その社会では、力の源泉がつねに自然の領域の奥深くにしまいこまれていて、神話的な熊のような神聖な動物が管理する「微細権力」としてしか、作動をおこなわなかったからです。

ところが、人間の社会にこの力の源泉が運び込まれると、そのとたんに「粗大権力」に変質してしまうのです。国家というのは、このような粗大権力を組織化したものです。仏教が生まれて成長していったのは、前にもお話ししたとおり（『熊から王へ　カイエ・ソバージュII』）、人類の思考に「国家」というものが生まれ、巨大な規模で成長していく時代にあたっていました。そういう時代にあって、『華厳経』は、微細知性の生み出す微細権力をもって、粗大知性のつくりだした粗大権力を、粉々に打ち砕くことが可能であると、こう語るのでした。

すべてのあらゆる仏土を、仏の一毛のなかに入れても、なお余りがある。仏の慈悲は虚空のように広大である。これを清浄なる知恵というのである。
すべての衆生に高山のような慢心が生ずるとき、仏は十力をもって、この慢心を根底から粉砕する。仏の慈悲はすべてのものを照らしつくす。これを仏の光明というのである（「世間浄眼品」）。

ドリームタイムと法界

「完成した無意識」である法界の構造記述は、まだまだ続きます。

一念においてすべての世界を知り、一念のなかに映し出されない世界は一つとしてないのである。(……)菩提心を発するとき、永遠の時間が一瞬におさまり、一瞬が永遠の時間を包む。だから一瞬を知ることによって、無限の過去・現在・未来を知ることができるのである(「初発心菩薩功徳品」)。

「菩提心を発するとき」、過去 - 現在 - 未来という時間系列にしたがって秩序づけられてきた私たちの意識は、ダイナミックな転換をおこして、「一瞬にしてすべてを知る」という、時間系列の秩序づけによらない認識方法のなかに入っていくのだ、と言われています。私たちはすでに、精神分析学が「無意識」と呼んできたものが、それと同じ作動をおこなっているのを見てきました。そこでは、対称性の論理によって、すべてのことが運ばれています。そのために、過去 - 現在 - 未来という時間系列は作動をおこさず、そのかわりに一点に過去も現在も未来もいっしょに詰め込まれているような短い時間のうちに、いくつもの出来事が同時に生起するのです。

このような「心」の働きは、ふつうは意識の働きの背後に「無意識」として隠されています。たまたまそれが意識の表面に浮上してくるときにも、夢や言い間違いや分裂症として、不完全なあらわれしか見せてくれません。そのために、無意識はなにか無秩序で、断片的で、派生的な心理の動きのように思われているのですが、仏教のおこなった探求を見てみますと、それがまったく間違った見方だったことがわかります。

無意識はひとつの秩序をもった、巨大な大陸なのです。それはホモサピエンスである私たちの「心」の本質をかたちづくっている原初的な基体であり、ふつうの現実世界で通用している論理とはまったく異質な「別の論理」によって作動をおこなっている、純粋な知性の働きにほかならないのです。仏教はその「心」の原初的な基体を、ひとつの完成体にまで発達させて、無意識を動かしている「別の論理」を、全体的真理の認識にまで高めようとしている、と言えるのではないでしょうか。

その意味で、仏教が語っている「法界」と、いちばん構造がよく似ているのは、オーストラリア・アボリジニの生み出した概念である「ドリームタイム（夢の時間）」であるという、奇妙な現象までおこるのです。ドリームタイムも流動的知性である対称性無意識を動かしている論理を、純粋化して取り出して、神話や儀礼や歌や踊りをとおして、その構造を表現しようとしたものです。

ドリームタイムには、過去－現在－未来へとわたる時間系列がありません。過去の時間を生きた先祖の霊が、そこには生きていますし、未来に生まれてくるアボリジニの子供の霊も、そこには共存しています。そして、現在を生きている生者たちは、儀礼をとおしてこのドリームタイムに入り込んでいこうとするわけですから、そこには時間系列を無視したあらゆる可能性とあらゆる現実とが、いっしょに詰め込まれて、いわば「永遠の時間を一瞬におさめ、一瞬が永遠の時間を包んでいる」ような、不思議な場所が出来上がっています。

オーストラリア・アボリジニの子供は、大きくなるとイニシエーションの秘儀をくぐり抜けることによって、はじめてドリームタイムに入っていく資格を得ることができたのですが、同じことが仏教の初心者にも求められています。「菩提心を発する」と言われているのがそれで、「心」に成熟をもたらすために、対称性の論理で動く無意識の大陸の「闇の奥」に踏み込む決意を持たなければなりません。

無限集合としての法界

ここからが面白いところです。『華厳経』は無意識の奥に開かれてくる「法界」の構造を、現代の無限集合論とそっくりのやり方で説明しはじめるのです。

> 菩提を求める心を発するならば、微小な世界が、すなわち大世界であり、大世界がすなわち微小な世界であることがわかるのである。さらに小なる世界が多なる世界であり、多なる世界は小なる世界であり、広大なる世界は、狭小なる世界であり、一つの世界は無辺なる世界である。また、汚れた世界も清らかな世界であり、清らかな世界も、汚れた世界なのである。
>
> 仏の一毛穴のなかには、一切世界がはいり、一切世界を見ることは、仏の一毛穴で知ることである（「初発心菩薩功徳品」）。

仏の毛穴は、世界の中にあるものですから、一切世界が全体なら、仏の毛穴はその部分でしょう。ところが、仏の毛穴のひとつの中に、世界の全体、いや宇宙全体が入ってしまい、仏の毛穴をくまなく調べれば、それで宇宙を見届けることになる、と言っているわけですから、ここでは「部分と全体が一致する」というような内容が語られている、と見ても間違いはないでしょう。

これは現代数学が無限集合を説明するときに使う論法とそっくりです。自然数をはじめから順番に、1、2、3、4、……と数え上げていってみましょう。この数え上げはどこまでも続けていくことができますから、無限集合Nを形成します。つぎに偶数をやはりはじめから数え上げていってみましょう。2、4、6、8……この偶数の集合は2Nであらわすことができます。偶数の全体はあきらかに自然数の全体に含まれます。つまり、偶数の集合は自然数の集合の「部分」です。「全体」に「部分」が含まれています。ところが、集合Nと集合2Nのあいだには一対一の対応をつけることができます。1には2を、2には4を、3には6を、というようにしていくと、自然数と偶数を完全に一対一で対応させることができるからです。そうなると、自然数の集合と偶数の集合は、完全に一致しています。すなわち、「部分」と「全体」が一致しています。

一九世紀に活躍した数学者デデキントは、こうやって無限集合というものを定義しました。「集合をそれ自身の真部分集合と一対一に対応させることができるとき、またそのときにかぎって、その集合は無限である」というのがデデキントの定義ですが、『華厳経』が表現している法界の構造は、まったく正確にこの無限集合の定義をなぞっています。このように、厳密なことを言い出したとしても、法界は無限であると言い切れます。ということは、私たちの「心」もまた無限としてのなりたちをしている、ということになりますね。

「法界は無限である」「心は無限である」ということを言うのに、仏教思想家たちはロマンチックでいい加減な表現に走るのを嫌って、じつに正確な論理‐数学的な構造として、それを表現してみせています。そのさいにここでも仏教の思考は、部分と全体のあいだに一致を見出そうとする、対称性の論理を駆使しています。非対称性の論理は、1、2、3、4……と伸びていくようなタイプの無限をつくりだすのは上手です。しかし、それよりも微細な構造をもったもう一ランクも二ランクも上の無限を思考することにかけては、対称性の思考にはとうていかないません。仏教はもっとも発達した対称性の思考として、「心」をそのような高ランクの無限として表現することができた、と言えるのではないでしょうか。

対称性にとって自由とは何か？

「もっとも発達した対称性の思考」としての仏教はまた、個体というものについて、徹底的な思考を展開しています。精神分析学が夢や分裂症の中に見出した対称性の論理では、個体というものは存在していません。個体はそれを包み込む「クラス」ないしは「種」の中に埋没して、見えなくなっているからです。そのために精神分析学では、この「種＝クラス」の内部で発生する流動性から、対称性の思考は直接に生まれ出てくるように、考えられています。

ところが、仏教はこの個体性をめぐって、それとは根本的に違うことを考えます。私たちのひとりひとりが、宇宙の中でのかけがえのないたったひとつの個体であることとの認識から、仏教は出発します。ここで西欧的な思考は同じように、個体性のかけがえのなさの認識から出発して、個体の確立という思想に向かっていくでしょう。つまり、個体性というもののベースに潜在している非対称性を、あらゆる思考の基礎にすえようとするでしょう。じっさいアリストテレスはそうやって、個体性というものを自分の哲学の出発点にすえました。そうすると、非対称性の論理学を使って、多くのことが矛盾なく説明できるように思われたからです。

しかし、仏教はそこから反転して、この個体というものを対称性の思考の中に投げ込むことによって、非対称性と対称性の共存として発達してきた野生の思考の（バイロジック的な）知恵を、できるだけ完全なかたちにまで発達させようと試みてきました。そこから、西欧の伝統がかたちづくってきたものとは根本的に異質な、自由についての考え方がつくられてくることになりました。自分はこの宇宙でたったひとつのかけがえのない存在なんだという、個体性の鋭い意識を保ったまま、すべてのもの（存在）のあいだに同質性をみいだしていこうとする対称性の思考を作動させることによって、宇宙のなかの極小部分としての個体や個人の自由ということについて、考えてみようとしたわけです。

そのことを最初に、意識的に表現してみせたのが『華厳経』です。そこではまず、仏教思想の基本にのっとって、ものには自性（そのものとしての本質）はない、という認識から出発します。ものとものを区別し、分離する非対称的な意識の働きを止めて、そこに対称性の思考を働かせるとき、高度な哲学的思考の試練をへている仏教は、それをたんに「同質的である」というのではなく、もっと哲学的に「自性はない」と表現するわけです。

そのうえで、あらためて今度はものには自性はないけれども、しかもものとものとのあいだには区別がある、ということを言い出すのです。対称性の論理を作動させた直後に、非対称性の論理を動かして、このふたつを同時に稼働させようとしているわけです。ここから『華厳経』は、いったいどのような思考を引き出してこようというのでしょうか？

輝く個体性

これについて、井筒俊彦《いづつとしひこ》の書いたすばらしい文章があります。文章につけられた図版といっしょに、思考の醍醐味を味わっていただきたいと思います。

すべてのものが無「自性」で、それら相互の間には「自性」的差異がないのに、しかもそれらが個々別々であるということは、すべてのものが全体的関連においてのみ存在しているということ。つまり、存在は相互関連性そのものなのです。根源的に無「自性」である一切の事物の存在は、相互関連的でしかあり得ない。関連あるいは関係といっても、たんにAとBとの関係というような個物間の関係のことではありません。すべてがすべてと関連し合う、そういう全体的関連性の網が先ずあって、その関係的全体構造のなかで、はじめてAはAであり、BはBであり、AとBとは個的に関係し合うということが起るのです。

「自性」のないAが、それだけで、独立してAであることはできません。それはBでもCでも同様です。「自性」をもたぬものは、例えばAであるとか、Bであるとかいうような固定性をもっていない。ただ、かぎりなく遊動し流動していく存在エネルギーの錯綜する方向性があるだけのこと。「理」が「事」に自己分節するというのは、ものが突然そこに出現することではなくて、第一次的には、無数の存在エネルギーの遊動的方向線が現われて、そこに複雑な相互関連の網が成立することだったのです（井筒俊彦「事事無礙・理理無礙」『著作集9』、中央公論社）。

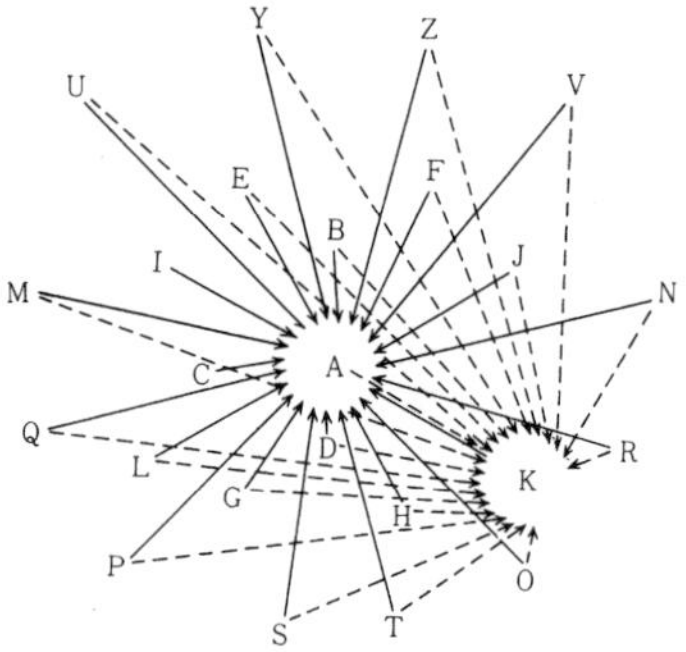

存在エネルギーの遊動的方向線
（井筒俊彦『コスモスとアンチコスモス』岩波書店）

この文章には、『華厳経』に展開されている思考において、流動的知性＝対称的無意識のしめす世界の認識（ものには「自性」がない）と、その流動的知性のとらえる世界の全体性のなかで、ものの個体性が生み出されてくる様子をとらえる非対称性の意識が働きだすプロセスが、じつに正確に言い当てられています。ここには、じつに高度なバイロジックが働いています。

ここまでのことは、さすがにどんな「野生の思考」にもできない芸当です。しかし、言われていることの内容は、たとえば以前に紹介したことのあるメキシコの呪術師ラモーンの思考や、オーストラリア・アボリジニがドリームタイムの概念を駆使して考えようとしていることと、そんなに隔たりはありません。やはり、仏教は最高度に発達した野生の思考である、という私たちの直感は、間違っていなかったようです。

ここから、「自由」についての、新しい思想が生まれてきます。ものには自性はない、というあり方によって、全体的関連のなかではじめて個体性は発生可能なのです。そのとき、すべてのものが、流動的知性だけが「見る」ことのできる存在エネルギーの渦巻く「空《くう》」の海のなかで、個体としての存在を輝かすことになります。道元禅師はそのことをこう表現しています。

仏の三昧の世界から見ると、すべてのものは、そのままの相《すがた》をたもちながら、一塵、一相も動かすことなしに、存在している。草も木も山も川もすべてのものが光を放って、絶対の真理をあらわしている（『正法眼蔵』「弁道話」）。

龍安寺石庭を眺める

このような高度なバイロジックの思考から、さまざまな表現が生み出されてきました。ここでは禅

龍安寺の石庭

宗のお寺の庭園と、密教のマンダラのふたつを取り上げて、野生の思考としての仏教のおこなった冒険のあとを、芸術表現の分野で追ってみることにしましょう。まずは、有名な龍安寺《りょうあんじ》の石庭にみなさんをご案内しましょう。

この庭には、砂と石と石にへばりついた苔しかありません(写真図版参照)。石は全部で一五個、大小の違いがあって、かりに庭を左右に分割してみることが許されるならば、左にある二群の石は、右にある三群の石よりも、全体的に大きいものが配置してあります。非対称にもとづく石組みの配置が、微妙な均衡をつくりだしているとも言えるでしょう。石はとりたてて特別面白いという形をしていません。むしろ平凡な石という印象のほうが強く、そこに座り込んだ人は、石そのものに関心を引きつけられるよりも、石と石の関係や、全体配置のなかでの個々の石の位置のほうに、注意がいくように配慮されているように感じられます。つまり、これらの石には「自性」がないのです。

石組みのないところには、一面の白い砂が敷き詰められています。この砂の上に、毎朝僧侶が熊手のような特別の道具を使って、縞模様を入れていきます。この模様を見て、よく人は川の流れのようだとか、海峡を流れる潮の流れのようだ（この場合、石が小島の役割をしているわけです）とか、いろいろな想像をめぐらせるものですが、ここは象徴破壊者として知られる禅宗のお寺なのですから、そういう象徴的解釈は最初から意味がないものと思っていたほうが安全で、とりあえず抽象的なエネルギー線の流れといった程度に、考えていたほうが無難でしょう。

これをさきほどの、『華厳経』の思想について書かれた井筒俊彦の文章と比べてみると、仏教思想の構造と庭園の構造とがあまりにみごとに照応しあっていることに、驚かされます。この石庭のなかに置かれたそれぞれの石は、「自性」というものを持っていません。しかし、それぞれの石にはほかの石との関係から発生するところの、全体的関連性のなかでの独自性の感覚がそなわっています。無「自性」なのに、そこにはたしかにものがある、という存在感を生み出しているわけです。

ところが、そういう石が個体としての存在感を持ち出したとたんに、足許の苔がそれをあざ笑うかのように、個体性の幻想を解体してしまうのです。あらゆる菌類がそうであるように、苔は自分がへばりついた相手の同一性をおびやかそうとします。不安定な形しかつくらず、中心を持たずにつねにまわりに飛び散っていこうとしている気配を宿しながら、じっと身構えたままでいるような植物、そういう苔がへばりついた石はそれだけで、足許から「自性」を突き崩され、全体的関連のほうにみずからを開いていこうとしているように感じられます。

メチエの知性と仏教の思想

龍安寺の中庭に、このような石の庭をつくったのは、小太郎と彦次郎という二人の庭師だったと言います。日本の庭師はこういう石組みをおこなうとき、事前に設計図を書いたりしませんでした。地面の上を歩きながら、ここぞという場所に、しるしをつけていくだけなのです。その様子に感動したあるフランスの音楽学者が、こう書いています。

日本の庭園設計者は、「幾日もの間、一日の様々な時刻に、様々な天気のもとで用地に眺め入りはしても、……殆ど平面図やデッサン」を用いることがないというのである。彼は、トレースするというよりは、地図を作製するというべきであり、「歩きながら、地面に立てて行くための小型の杙《くい》を入れた籠を持っている」。つまるところ、彼の仕事は、地面を響かせる――ここかしこから生ずる生の音に学ぶ――ことなのであり、知的もしくは抽象的なプログラム化の全てを身振りによってショートさせてしまう、巡回的な、音楽的な、身体的な作業なのである。さらに言えばその行程は歩行に外ならず、線引き、測量というよりは周回運動であり、大地を統御するよりもその起伏に従順に、遍歴することなのである。庭師の残す標は、プラニングあるいは測量図を必要とはしない。それは記憶を助けるだけの標である――そして、それは忘却が支配していることのしるし《シーニュ》である（ダニエル・シャルル「龍安寺石庭のための註解」、『エピステーメー』一九七八年一一月号）。

つまり、庭師のおこなう作庭術と『華厳経』が表現している仏教の存在思想とは、不思議なほどみごとに共鳴しあっているのです。庭師が空間の構造としてつくりだそうとしている芸術の思考と、仏教が生み出してきた存在をめぐる思考とが、阿吽《あうん》の呼吸でうなずきあっています。庭師は地面を響かせ、地面から生の音を発生させるための技芸《メチエ》として、石組みの作業に取り組むのですが、その技芸のなかから生まれてきた石の庭には、仏教が対称性の思考を最高度に発達させたところに生み出した存在の思想そのものが、石と砂と苔のアンサンブルとして、もののみごとに表現されているのです。

『精霊の王』という最近私の書いた本をお読みになった方は、ここで私が何を言いたいのか、もうすっかりおわかりでしょう。その本のなかで私は、庭師のような中世の「職人」たちが発展させ、伝えてきた技芸《メチエ》の思考が、深く「野生の思考」に根を下ろしていることをあきらかにしようとしました。龍安寺石庭の実例は、その職人たちの思考が仏教の存在思想と、とても深遠なレベルでつながりあっていることを示しています。ここにも、野生の思考と仏教との深い、本質的なつながりを見出すことができます。

洞窟《グロット》のある西欧庭園

中世日本の庭師のつくった庭園の構造が、『華厳経』などに説かれている法界の構造と、みごとな照応関係を持っているということは、そういう庭園が「完成された無意識」の働きを、石や砂や植物の配置をとおして表現しようとしているということになります。龍安寺石庭のような空間では、無意識を抑圧しているという場所は、どこにも見あたりません。抑圧しているどころか、むしろ流動的知性である無意識の働きやそこで作動している論理を、目に見える空間の構造として外に取り出してき

ボボリ庭園グロッタ・グランデの正面入口（上）、その内部の第１房（下）
（原研二『グロテスクの部屋』作品社）

て、それに理想的な表現をあたえているように感じられるのです。

　ところが西欧の庭園では、それとはまったく異なる表現が、無意識にたいしてあたえられてきました。古い西欧の庭園に出かけてみますと、庭の奥まったあたりに半地下になった薄暗い洞窟《グロット》への入り口があるのを、よく見かけることができます（右ページ写真図版）。興味をそそられてなかに入って見ると、そこにはさまざまな冥界のイメージがくりひろげられているのです。昼間の世界が抑圧しているイメージのすべてを、そこに見ることができます。洞窟はここでは、大地の底に通じている、死者の領域への入り口です。庭園がその上に築かれています。つまり、西欧の庭園では、抑圧された無意識の上に、土と石と植物によって、美しい記号表現《シニフイアン》として、庭が築かれていることになります。

「心」の構造	庭園の構造
記号表現《シニフイアン》としての精神	記号表現《シニフイアン》としての庭
↑	↑
原初的抑圧	抑圧
――――――	――――――
無意識	洞窟＝冥界

　庭園というものは、どこでもそれを生んでいる文化の本質を映し出す鏡のような存在です。つまり、庭園は文化を精神分析するための、格好の材料なのです。たしかに、地下世界に通ずる洞窟の存在を、半分露出させながら抑圧した上に、土や石や植物を素材につかって、ひとつの記号をつくりだしている西欧の庭園には、それをつくった人たちが自分たちの「心」の構造をどうとらえているのかが、ほかのどんなものにもまして雄弁

に、語り出されているように思えます。
そればかりではありません。庶民が家の前にこしらえているささやかな庭園に目をやりますと、そこには白雪姫の民話に出てくる「七人のこびと」そっくりの、ずきんをかぶった小さな老人（それとも子供？）の像が、隅っこのほうにちょこんと立ててあるのを、よく見かけます（写真図版）。この像はキリスト教以前にケルト世界に住んでいた、大地の精霊をあらわしたものです。

庭の小人
（©ドイツ環境情報センター〈DUIZ〉松田）

この像を立てることによって人々は、「この庭は大地の奥にまでつながっているんだよ」という古い西欧の庭園の思想を、いつまでも記憶しておこうとしているのだと思います。いずれにしてもそこでは、庭園というものが、ふつうの世界では抑圧されてしまっている無意識の世界への通路であることを、よくあらわしています。流動的知性を無意識として抑圧したうえで（原初的抑圧）、その上に記号表現でできた世界がつくられるという、一神教的な西欧社会のおこなってきた無意識の取り扱いのやり方を、庭園が目に見える形で表現しているのです。

対称性の思考の理想は「空《くう》」

ですから、龍安寺石庭のような日本庭園と、洞窟《グロット》を持つ西欧庭園は、流動的知性＝対称性無意識にたいして、まるで鏡の像のような反転した態度をとっていることがわかります。西欧庭園は、無意識の原初的抑圧の上に記号の表現としての庭をつくります。それにたいして日本庭園は、無意識の作動を抑圧するすべての非対称性の思考を除去して、その作動を完璧な自由のもとに遊ばせておこうとしています。

記号表現《シニフィアン》が無意識を抑圧すると、そこに記号内容《シニフィエ》がつくりだされます。そこから意味が発生するのです。ところが、石庭は「世界の屑を解体するキノコや苔のように」（これは作曲家ジョン・ケージの言葉です）、意味と象徴を解体してしまおうとしています。石と砂と苔だけでできたその庭園には、シニフィエがありません。純粋なシニフィアンだけでできた「空」にほかなりません。

野生の思考は、最終的にそのような地点にたどり着いて、自分を完成させようとするでしょう。それだから、野生の思考のおこなわれていた社会では、富や権力の蓄積がまったくおこなわれなかったのではないでしょうか。対称性の思考の理想は、「空」なのです。ホモサピエンスが出現した瞬間から、すでにその「心」には仏教が芽生えていた、と言えるかもしれません。旧石器時代の仏教――なかなか魅力的なテーマだとは思いませんか？

第七章
ホモサピエンスの幸福

対称性人類学の「公理系」

『カイエ・ソバージュ』をつうじてつくりだされようとしている対称性人類学のよって立つ基本的な考え方を、「公理」としてつぎのようにまとめてみることができます。もちろんここで「公理」と言うのは、たんに「ある理論領域で仮定される基本前提」(『広辞苑』)という意味にほかなりません。

I 「野生の思考」はいまだに私たちの「心」で作動を続けている。私たちの「心」の基体をなす無意識が、不変の構造を保ち続けているからである。神話的思考を生み出してきた無意識は、芸術・哲学・科学的創造・経済生活などにおいて、いぜんとして大きな働きをおこなっている。

II 無意識は数万年前ホモサピエンス(現生人類)の脳組織におこった革命的な変化をきっかけにして形成され、私たちの「心」の基体をかたちづくってきた。このとき、分化された知性領域を横断する流動的知性が発生したのである。

III 流動的知性は、脱領域性、高次元性、対称性などの特徴を持っている。その作動は基本的にフロイトの見出した「無意識」の働きと一致する。私たちの「心」の基体は、流動的知性=対称性無意識にほかならない。

IV 流動的知性である無意識は、対称性の論理にしたがって作動をなす。これはつぎのような特徴を持つ。

（1）過去－現在－未来という時間系列を知らない。過去と未来がひとつに融合して、神話的思考における「ドリームタイム」と同じ無時間的表現をつくりだしている。

（2）自己と他者の分離がおこなわれない。個体同士をつなぐ同質的な「流れるもの」が発生して、個体を包摂する「種＝クラス」の働きが前面にあらわれてくる。そのためにこの領域では、免疫機構が一時的に解除されて、同一性の破れから他者性が流入する。

（3）対称性の論理の要請にしたがって、「心」の基体では、部分と全体が一致する。そのために、「心」は無限集合の構造をそなえるようになる。「心」は無限の広がりと深さをもつものと思考されるようになる。

V　対称性無意識の働きを組み込んでいないどのような理論も、ホモサピエンスの「心」を本当には理解することはできない。したがって、対称性無意識という契機を欠いている理論――たとえば生成文法理論など――は、「心」の理解にとっては、きわめて疑わしいと考えざるを得ない。

無意識にとって「幸福」とは何か？

ここからたくさんの課題が、泉のように湧きだしてきます。なかでも私たちの興味をひくのは、「幸福」をめぐるさまざまな問題でしょう。ホモサピエンスの「心」がひとつの構造をもった存在として出現をとげてから、ただちに象徴的思考にもとづく宗教＝芸術表現というものがあらわれています。流動的知性の発生が、言語の構造と無意識の働きとをひとつに結びつけて「心」を生み出してきます。するとそこからすぐに、神話的思考や超越的な領域についての思考などがあふれ出てくるのは、とうぜんのこととも言えます。

では、そうして出現した私たちホモサピエンスの「心」は何を幸福と感じ、どんな幸福の実現をめざして努力を重ねてきたのでしょう？　この問いは、つぎのように言いかえることもできます。私たちの「心」の基体をなす、流動的知性＝対称性無意識は、どんな状態が自分のなかに実現されているとき、それを幸福と感じるのだろうか――これはとても興味深い問題です。とりわけ「ハピネス Happiness」をテーマにして開館の日を迎えたこの美術館において講演を依頼された私にとって（この章は、森美術館で二〇〇三年一一月一日におこなわれた講演の記録にもとづいている）、これは挑戦するにたる重要な意味をもった問いかけです。

仏教はこれについて、とても興味深い態度をとっています。仏教は流動的知性＝対称性無意識から抑圧を取り除き、それが内蔵している潜在的な可能性を全面的に発達させたところにあらわれてくる、人類の知性に希望を託しています。それならば、そのとき無意識はどんな状態を「幸福」として味わっているのか、仏教はさぞやたくさんの言葉を尽くして、ホモサピエンスの幸福について表現しておいてくれただろうと、お思いになるでしょう。ところが、仏教の伝統のなかには、どこを探しても、私たちが今日「幸福」「幸せ」「happiness」「bonheur」などといった言葉で言いあらわそうとしている現象についての言及が、みつからないのです。

対称性の原理と「幸福」

そのかわりに仏教は、「抑圧されない無意識」は「大楽mahasukha」を体験することになる、という表現をしています。この大楽という耳慣れない概念は、今日の精神分析学で「悦楽jouissance」と呼ばれている概念にほぼ対応していると思われますが、この悦楽という概念はあきらかに対称性の原理がもたらす「心」の状態と、深い関わりを持っています。このことはあとでもうすこし詳しくお話しするつもりです。いずれにしても、私たちが気軽に口にしている「幸福」でも「幸せ」でも「happiness」でも「bonheur」でも、ホモサピエンスの「心」の基体にはたいした反響をもたらしていない、それで無意識は少しも喜んではいない、というのが実情らしいのです。

それならば、私たちは長い間、偽りの幸福をむなしく追い求めてきたのにすぎないのでしょうか？　世間の人がそろいもそろって、それを手に入れたら人間の「心」は豊かになる、と信じ込まされていたことは、すべて嘘だったのでしょうか？　インド人の経済学者アマルティア・センは、経済的功利性だけを追求していても、人間は愚か者になることはできても、けっして幸福にはなれない、これからの経済学は人間を幸福にする原理を組み込んだものに自分を変化させていかなければならない、ということをさまざまな形で語っています。センの語っていることは、経済がグローバリズム化をとげつつある世界で、これからもっと重要性を増してくることでしょう。

そこで私はこれから、人間の幸福にとっては、無意識のなかで作動している対称性の原理がもっとも大きな働きをしていることを、お話ししてみたいと思います。それによって対称性人類学を、人間の幸福について深いレベルで思考することを可能にする学問に、育てあげていってみたいのです。

幸福という日本語

幸福という日本語の言葉は、そんなに古くから使われていたものではありません。明治時代になって、英語やフランス語の書物をたくさん翻訳しなければならなくなったとき、そこに出てくる「happiness」や「bonheur」といった言葉を日本語にしなければならなくなったとき、翻訳者たちは手許にある日本語の語彙には、それらの言葉に正確に対応できるようなものがないことに、気づいたのでした。

なぜなら、そうした言葉はどれも時間に関係しているからです。「happiness」は「happen」という言葉に語源的なつながりがあります。突然、思いも掛けなかったような形で、神のおぼしめしが与えられた、という意味がこめられています。また「bonheur」というフランス語は「bon＋heur」ですから、やはり「恵まれた時に会う」という時間概念を含んでいます。

これにたいして、やまと言葉には「さち」という言葉があり、それは漢字で「幸」と書かれてきましたが、そこには時間性は含まれていません。また中国語から派生した「福」という言葉も使われていました。しかしそれも豊かな物質財やたくさんの子孫に恵まれることとか、社会的地位に恵まれるという意味で使われてきましたので、やはり英語やフランス語におけるような時間性の感覚がありません。

そこで困った翻訳者たちは、はじめ「福利厚生」などと訳してみましたが、なんとなく落ち着かないと思ったのか、やまと言葉出身の「幸」と漢語の「福」を合成して、「幸福」という新しい言葉をつくり、それらの外国語の訳語にあてたのでした。もちろん、幸福に決まったからと言って、時間概念がそこから自動的に発生できるようになったわけではありませんが、それ以上のことを細かく言ってみても無駄と判断したのか、なんとなくそれで今まですませてきたわけです。

幸福に秘められた対称性の原理（1）

では、「happiness」や「bonheur」を「幸福」と訳すのは間違いかと言うと、そうは言いきれないところがあります。時間概念に関わりをもったこれらの西欧語の背景には、神の恩寵をめぐる宗教的な思考がひかえています。神の恩寵は日常的な時間を垂直に切り裂くようにして、人間の世界に突然に降ってくるものです。平凡に流れていく日常世界の時間のなかに、突如として異質な構造をもった時間が垂直に侵入してくる、その時間の亀裂をとおして神の恵みが豪雨のように注がれてくる――そういうキリスト教に独特な「神の恵み」についての考えと、これらの言葉は関わっています。

ところで「神の恵み」と言えば、神のおこなう人間への純粋な贈与として理解することができます。純粋な贈与は、人間の世界にとっては一種の理想《イデアル》概念ではあっても、それを実現することはまず不可能です。現実の世界では、純粋な贈与を少しだけ「不純」にして、そこに贈与にたいする返済の義務を忍び込ませた、より人間的な贈与の概念でがまんしなければなりません。

ここから見えてくるものがあります。平凡に流れていく日常世界の時間を構成しているのは、贈与と交換にもとづく循環のサイクルなのですが、そこへ突然、サイクルをひき裂いて、垂直に神的な純粋な贈与が流れ込んでくるとき、とてつもない喜びの感情、満たされている充実感、とめどなく豊かな気持ちなどが、わき上がってくるのをおさえることができません。こういう「例外的」な時間の亀裂をとおして体験されるものこそ、「happiness」や「bonheur」といった言葉が表現しようとしている体験の、何倍もの強度をともなった原型的体験なのではないでしょうか。

交換は分離し、贈与は結びつける。このことを私たちはすでに『愛と経済のロゴス　カイエ・ソバージュIII』において確認してきました。贈与は贈り物をとおして、人と人とのあいだに同質性をもった心的な（霊的な）流れが交流しあう体験をもたらします。交換ではこういうことはおこりません。ましてや、交換のもっとも発達した形態である「商品」の売買では、人も物もすべてが分離された状態ですべてのことは進行していきます。何かを交換しても、人と人とのあいだに、同質的ななにものかの流動はおきないのです。

これを私たちが展開してきた思考をとおして表現し直してみると、こうなります。交換は非対称性の原理にもとづき、贈与は対称性の原理にしたがっておこなわれる、と。つまり、贈与的なものは対称性の原理で作動している私たちの無意識をとおして働いているものにほかなりません。キリスト教の思考は恩寵の概念によって、これをさらに純化し、発達させようとしてきました。仏教が私たちの文明において、対称性無意識の働きを最高度に発達させようとしてきたのと同じように、キリスト教は贈与の概念の理想形態である恩寵の考えを深めていくことによって、対称性無意識の働きを一神教の枠内に持ち込もうとしてきたように思われます。

ですから、「happiness」や「bonheur」の概念には、対称性無意識の働きが深く関与しているのだということがわかります。それは、日常的な時間意識をつくりだす交換と贈与のサイクルをひき裂く、垂直的ななにものかの侵入を意味しています。時間の流れに属さないもの、過去－現在－未来という時間系列の外にあるものが、時間のサイクルに割り込んでくるとき、「happiness」や「bonheur」の状態が実現されます。時間系列の外にあるもの、すなわち対称性の原理に属するなにかが、非対称的に進行していく時間の系列に、裂け目をつくりだすとき、幸福は私たちにやってくるわけです。

幸福に秘められた対称性の原理（２）

それならば、やまと言葉の「さち」や漢語の「福」の場合はどうでしょう？　「さち」が新石器時代の狩猟社会で使われていた言葉であろうということは、折口信夫《おりくちしのぶ》などによって早くから指摘されていました。この言葉は、古代語で境界性をあらわす「さ」と、霊力を意味する「ち」を合成してつくられていて、狩猟の獲物の豊かさを示しているらしいのです。その時代の狩猟とその獲物についての思考を思い起こしてみると、そこにすでに対称性の思考が潜在しているのがわかります。

その頃の狩猟民は、森からもたらされる動物や植物のような獲物を、森の守護神である熊をはじめとする偉大な動物霊からの贈り物であると考えていたことは、みなさんもすでによくご承知でしょう。動物霊たちは、動物の肉や毛皮を身につけた自分の仲間を人間たちのもとにお客として訪問させて、お土産としてその肉や毛皮を、人間たちへの贈り物とします。これにたいして人間のほうは、客人である動物からみやげを受け取ったあとは（それを受け取るまでが、なかなか骨の折れる仕事で、客人である動物にはいっとき耐え難い苦痛がもたらされます）、それを礼儀正しく扱い、残った骨もきれいに処理して、正しい場所に戻してやらなければなりません。その上で、盛大な儀式をおこなって、動物にたくさんのお供物を捧げることで、お返しにしようとするのです。

ですから、「さち」という言葉の背景には、贈与論的な思考が活発に働いているのだということがわかります。「さ」は動物霊の領域と人間の領域との境界面をあらわしています。この境界面を渡って、動物の肉と毛皮をまとった動物霊が人間の世界に姿をあらわし、人間によってきちんと「送り」の儀式をされた動物の霊が、ふたたびもとの故郷である霊の領域に戻っていくのです。その境界に満ち満ちている霊力（「ち」）が、「さち」なのでしょう。

「海の幸」も「山の幸」も、そうやって境界面を越えて、人間の世界にやってきた贈与物です。しかも、境界面のこちらは三次元的な人間の領域ですが、向こう側には高次元的で、無限の豊かさをはらんだ霊の領域が広がっています。つまり、この境界面は、無限を有限に変換するものでもあるわけです。あきらかに「さち」が満ち満ちる境界面では、対称性の原理が支配的な働きをおこなっています。「happiness」や「bonheur」がこの対称性の原理を時間的に作動させているとすれば、「さち」は同じ原理を空間的に作動させている、ということがわかります。

漢語の「福」についても同じようなことが言えます。「福神」は無際限の富や生命を生み出したり、貯蔵したりしていると考えられていました。しかもその神は、死霊の世界とも深いつながりをもっているようにイメージされています。生命と死が同時に共存している対称性の原理に貫かれた領域から、「福神」は豊かな富を人間の世界にもたらすと言われるのです。「福」は経済主義的に読みかえられた「ドリームタイム」なのだ、と言ってもいいでしょう。

そうしてみますと、「happiness」といい「bonheur」といい、「さち」と「福」とを合成した新造語の「幸福」といい、どの概念にも対称性の思考が深く浸透していることがわかります。どの概念にも、時間的ないしは空間的な反復のしめす順調平凡な流れをいっとき破綻させて、そこから無限に関わる力が人間の世界に流入してくる、という感覚が含まれています。またそこには、「例外的」とか「境界性」などの意味も含まれています。限界づけられた世界を壊して、無限の領域に触れる――そんな恐ろしい語感さえ、そこには感じ取ることができます。

そのために、「幸福の追求」などという言い方には、どこか不穏なものが潜んでいるような感じがするのではないでしょうか。じっさいそれは資本主義 capitalism とも、内密のつながりをもっています。その言葉の語源になった cap という言葉は、「先っぽ」という意味をはらんでいます。貨幣経済の「先っぽ」の部分で富の無限の増殖がおこる、という考え方が潜んでいるのですから、どうしてもそれは「幸福＝ハピネス」系の諸単語と共通の意味構造を持つことになるでしょう。

こうした感覚は、すべて幸福に関わっていることが対称性の原理ないし思考に支えられていることからもたらされています。ホモサピエンスの幸福は、流動的知性である対称性無意識なしには、考えることも想像することも、ましてや現実化することもできません。それはすぐれて人類的、あまりに人類的な現象なのです。

性的体験は無限をめざす

幸福感というものがいったい何を意味しているのか、それを知るのにいちばん手っ取り早いのは性の体験について考えてみることです。多くの人々が昔から報告を寄せているように、愛する恋人とセックスをしているときもたらされる感覚こそ、幸福感の原型であるように思えるからです。

恋愛に夢中になっているとき、人はよく幸福感のあまり、「いつまでも続いていく愛」とか「終わりのない愛」とか「無限の愛」といった表現を使います。ほかのことは時がたてば変化し、消えていくものなのに、幸福感のなかにある恋人たちは、自分たちのいま体験している状態が、際限もなくいつまでも続いていくような感覚に包まれるものです。この無限の感覚は、あきらかにそのとき恋人たちの「心」が、対称性の原理に支配されていることを物語っています。同質性をもった感情によってつながりあっているという恋の感情が、無限集合と同じ構造をもった無意識の働きを活発にして、このような感覚や表現を生み出しているのだと考えられます。

この幸福感は、性の体験ではさらに強烈なものになります。対称性無意識の働きが、そこではむきだしの形であらわになるからです。しかし、私たちは往々にしてそのとき体験していることの内容を、意識の働きによって抑圧し、表面にむきだしの形であらわになるのを恐れているものですから、性がはらんでいる「狂気」に直接向かい合おうとしません。そのため、セックスの体験と無意識の働きの関係を、正確に見届けることが難しいのです。

ところが「分裂症」と呼ばれる現象では、対称性無意識の活動が前面に大きく浮上して、私たちがふつう抑圧してしまっている無意識の働きを、あざやかに観察できるケースが多いようです。精神科医イグナシオ・マッテ・ブランコの本『無限集合としての無意識』のなかには、おあつらえ向きのように、そうした実例がいくつも紹介されています。

最初の例は一人の男性クライアントの語るものです。彼は病院に診察にくる前の晩に、恋人と性行為をおこない、そのときの体験をつぎのように報告しています。

オルガスムスがくる直前、矛盾する感情がこみ上げてきますね。破壊してやりたいという衝動と一緒に、相手を強く包み込んであげたいという、激しい矛盾した衝動がわいてくるのです。離れたいと同時に融合してしまいたいという、相反した感情がわき上がってきます。こうした衝動は、明確なイメージをもっていません。あとになってそれらに名前を与えるのにさえ、大変な困難を覚えます。非常にたくさんの異なる衝動が自分の内部に混在していて、ひとつの衝動にはかならず相反した衝動がともなっています。数学的に表現すれば、+と−の混在です。

さらにつぎのようにも語っています。

オルガスムスの瞬間、私は空間と一体であるという感覚を持ちます。このプリミティブな感覚の中身をもっとよく観察してみると、私にはいよいよ事態ははっきりしてきます。つぎのようなイメージが頻繁に現れてきます。宇宙空間のイメージが現れ、そこにはたくさんの星々のきらめく星座があり、その星の一つ一つが私の自我で、しかもそれが一つ一つ全部違っていて、まるで生きているようにリアルなのです。

別の女性クライアントの報告も、きわめて興味深いものです。

セックスをしていると、身体の限界が遠いところに持ち去られて、どこか違う世界に連れて行かれるような感じがします。時間の感覚がなくなって、今こうしているときに感じている空間の感覚も、なくなってしまいます。時間そのものが伸びきってしまって、時間のはじまりと終わりのような感覚に変化していくんです。空間感覚について言うと、セックスはひとつのパラドックスですね。無限に広がっている感覚、宇宙とひとつに溶け込んでいく感覚、溶解していく感覚と融合の感覚があります。それと同時に、無限の拘束感があるんですよ。宇宙の一点に強力に縛り付けられていくというか、身体がどこか小さな一点に集中していくといった、パートナーと一体になる感覚です。パートナーとひとつに溶け合っているという感覚と、ああ、自分はこの宇宙のなかでひとりぼっちだという感覚がいっしょになって、心をパラドックスで満たすのです。

男性のクライアントも女性のクライアントもそろって、広大なひろがりをもった空間への溶け込み、空間秩序の消失、時間系列の消失、銀河感覚、矛盾した衝動のカオティックな噴出、自我意識の縮小などといった現象を報告しています。あきらかにそこでは、対称性無意識＝流動的知性の活動が活発化しているのを認めることができます。

私たちもたぶん性行為をおこなっているときには、それとよく似た体験をしているのでしょうが、無意識の働きを抑圧している非対称性原理の働きが、それを見えなくしているのでしょう。世の中にはたくさんのポルノグラフィがあふれていますが、対称性人類学にとっては、こうした報告の前ではそのどれも凡庸に見えてしまいます。

フリーダ・カーロ「宇宙、大地（メキシコ）、ディエゴ、私、ショロトル神の愛の抱擁」

宗教的体験とエロティシズム

みなさんのなかにはすでにお気づきの方もいらっしゃるかもしれませんが、ここに報告されている精神医学的な実例ととてもよく似た報告が、人類学者によってもたらされています。それは「シャーマニズム」に関わる現象で、とくに幻覚作用をもたらす植物を服用したときの体験と、じつによく似ているのです。

『神の発明　カイエ・ソバージュⅣ』のなかに、そういう実例をいくつか紹介しておきました。幻覚性植物はそれを服用した人の「心」のうちに、流動的かつ対称的な無意識の働きを浮上させてきます。そのために空間構造の感覚が変容をおこし、時間系列にそって経験を秩序だてる意識の働きが停止して、矛盾した感情やイメージが大きな強度をともなって同時に出現し、小さな星のような光点やさまざまな光のパターンが無数に飛び交う光景を眼前に見届けることになります。

人類学者ライヘル・ドルマトフが、自分が前の晩に体験したそうした内面空間の模様を絵に描いて記録していたときのことです。それをのぞき込んだアマゾン川流域の先住民が、じつに気の利いた反応をして見せています。

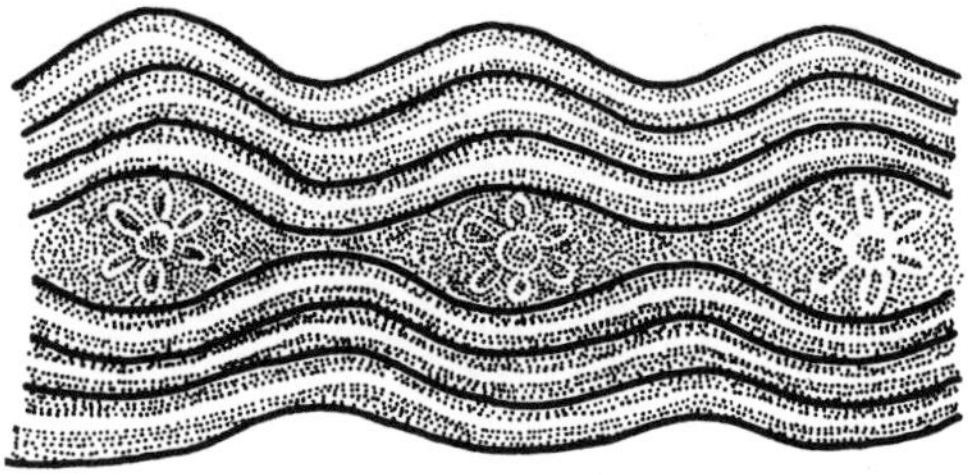

ドルマトフの見た「銀河」
(Reichel-Dolmatoff, *THE SHARMAN AND THE JAGUR*, Temple University Press, 1975)

ぼくはノートを開いて、いま見てきたイメージを忘れないうちに記録しておこうとした。ぼくが点と線で、少し波打っている垂直の帯を描いていると、肩越しにぼくの作業を見守っていた一人の男が「そりゃなんじゃ」と質問してきた。ぼくは夜見た図形を描いているのさと答えた。男はまわりの連中に「見てみろよ」と呼びかけた。すると数人のものが集まってきてぼくのノートをのぞきこんだ。

「このイメージはどんな意味をもっているのですか」とぼくはたずねた。

男たちは笑った。「それは銀河さ」、と彼らは言った。「お前は銀河を見たのさ。おれたちといっしょに銀河まで飛んでいったのさ」（ライヘル・ドルマトフ『シャーマンとジャガー』）

幻覚性植物を摂ると、一時的に激しく嘔吐したり頭痛に見舞われたりするのですが、この先住民たちは無数の星々が流れる「銀河」にまで彼らを連れて行ってくれるこの体験を、なによりも幸福な体験であると考えています。人類の宗教体験の原初の形は、このような幸福感と結びついていたはずです。そこではいつも、流動性をともなった対称性無意識が、抑圧から解き放たれた状態で、自由な活動をおこなっています。ここでも、幸福は対称性の原理と一体になって、体験されています。

性的体験も宗教的体験も、対称性無意識を舞台とする

それだけではありません。カソリックのように高度に組織化された宗教においてさえ、私たちは「神との合一」の感覚がもたらす至高の幸福感が、性的体験と同じ無意識の働きによってつくりだされているのを目撃します（次ページ写真図版参照）。有名な神秘家である聖女テレジアが、そのような

体験をまざまざと表現しています。

私は天使が長い黄金の槍を手にしているのを見た。その槍の切先は火の切先のように見えた。それが私の心臓を何度も突き刺し、内臓まで貫くような気がした。天使が槍を引き抜くと、内臓も一緒に抜き取られ、神の大きな愛の火に身体中が包まれるような気がしたものだ。苦痛が激しくて、

至高の幸福感を味わうテレジア
(ベルニーニ『聖女テレジアの法悦』)

思わず呻き声をあげるほどだったが、それでもこの法外な苦痛の快さのために、私はそこから抜け出したいとは思わなかった……もちろん肉体が関係していたし、大いに関係していたのだけれども、苦痛は肉体的ではなく精神的であった。そのとき魂と神とのあいだに交わされていたのは、まことに優しい一種の愛撫だったので、私は、私が嘘を言っているのではないかと思うような人には、神がその慈愛において、それを経験させて下さるよう祈らずにはいられない（ジョルジュ・バタイユ『エロティシズム』渋澤龍彦訳、二見書房）。

聖女テレジアはこの体験の初期の段階で、天使の槍が彼女の心臓を貫いて、内臓まで体の外に引き

抜いていった様子を見ています。これによって彼女の身体はすっからかんの同質体に変化してしまうのです。ドゥルーズの言う「器官なき身体」へと、変容していくのですね。そして、絶対の神の火が、分節的な器官を失った彼女の存在を包み込み、呑み込んでいくのです。身体器官の感覚は、非対称性の思考のよりどころとなるものですが、神のものである絶対的な対称性ないし超対称性の原理が、その感覚をこなごなに破壊してしまいます。このとき、聖女の個体としての存在は消失して、神とテレジアのあいだに、強烈な同質性の流動性が通過していくのでした。

そのときに、彼女はたいへんな苦痛を覚えるが、それがまたたいへんな悦楽でもある、と語っています。「苦痛が激しくて、思わず呻き声をあげるほどだったが、それでもこの法外な苦痛の快さのために……」。強烈な神の超対称性に包み込まれ、意識の働きを破壊されることは一面では苦痛であるけれども、その苦痛をはるかに上回る悦楽がもたらされるので、自分はいつまでもその状態に留まりたかった、と言うのです。

ここでは、対称性無意識が激しい悦楽にうちふるえているのがよく見えます。神秘家のおこなうこういう告白を読んで、なんだ宗教体験と言っているけれども、それは性的体験の強烈なのにすぎないじゃないか、と考えるのは間違っています。すべてを性に還元するのは間違いです。その反対に、性的体験も宗教的体験も、同じ対称性無意識を舞台としてあらわれる、よく似たタイプの二つの異なる悦楽のあらわれにほかならないのだ、と理解するのがいいでしょう。そして、無意識が自由に対称性の運動を楽しんでいるときに、「心」は言いしれぬ幸福感にひたされています。

先住民の儀礼から一神教の宗教にいたるまで、こういう実例は、枚挙にいとまがありません。どの体験を観察しても、そこに対称性の思考や無意識の働きが関与していないものを見出すことはできません。愛犬をかわいがっている都市生活者が、自分のことを信頼感をこめて見つめる犬の眼を見て味わっている幸福感は、「人間と動物とは昔兄弟だった」と神話を語りだしている狩猟民が、原初の時間に思いをはせながら感じていた至福の感情と、同質のものを持っています。それはさらに、神と人間とのあいだの絶対的な距離を強調する一神教において、神秘家の存在を神の愛の火が破壊し包み込んでいるときに、神秘家が法悦として感じ取っている感情を生み出している構造と、まったく同じ本質を持っています。耐え難い苦痛のなかで、比較を絶した至福感がわきあがってくるのです。

どの場合でも、「心」のなかで対称性無意識の働きが、分離された世界で失われた感情の通路を、ふたたびつくりだそうとしています。宗教においても、日常生活においても、幸福感と対称性は一体です。これまでにもたくさんの「幸福論」は書かれてきましたが、対称性の視点から幸福を論じたものは、ほとんどなかったと言ってよいでしょう。しかし私たちの「魂」の秘密に触れている文化のすべてが、そのことに関わっています。そして、そのなかでも芸術は格別な地位を占めています。

芸術による悦楽の追求

それは芸術が、高次元のなりたちをした無意識の働きを、社会の表面に引き出してくる技術のひとつであることからもたらされた特質です。そういう性質は、ホモサピエンスの先祖がラスコーの洞窟にあのすばらしい壁画を描いたときから、すでにはっきりと見届けることができますが、とくに宗教の果たしてきた社会的影響力がすっかり弱くなってしまった近代以降になると、芸術自身が自分にひめられている特質にたいしてより意識的になり、そのことを表現することこそ自分の使命であると考えるようになりました。一九世紀の後半から開始されるいわゆる「モダン芸術」の運動において、高次元無意識への通路を開くことが、大きな主題として追求されたのです。

とくに印象派が出現してからは、この主題の追求はいよいよ純化され、絵画を「様式の革命」と呼ばれるものに、追い込んでいきました。印象派の絵画では、輪郭の消失という現象がおこっています。形態の輪郭が溶解して、内部と外部の隔壁が失われて、そこから光や色彩や生命が画面全体に浸透し出していくようになりました。

クロード・モネ「睡蓮」部分（1916年）
（国立西洋美術館蔵）

さまざまなレベルで「分離」や「不均質化」をつくりだしていた非対称性の思考の産物が、解体をおこしていたのです。そして、風景を描く画家の位置までが同一性を失って、複数化したり、揺れ動きだしたりするようになりました。すると柔らかい色彩と揺れ動く形態に導かれるようにして、私たちの「心」の内部で対称

伊藤若冲『樹花鳥獣図屛風』（右隻・静岡県立美術館蔵）

性無意識の作動がはじまるのです。モネの『睡蓮』を見ている私たちは、そこに幸福の感覚のかけらがキラキラときらめいているのを直感します。伊藤若冲《じゃくちゅう》の描いた動物たちのなまなましい姿を見ていると、人間と動物とのあいだに同質な生命の流れが流通しているのを感じて、不思議な幸福感に包まれます。その昔、まだ人間が動物や植物と分離していなかった神話的な時間が、そこには取り戻されているからです。

芸術自身が対称性無意識の働きと深く結ばれていることを、強く意識するようになってきました。このことは、非対称性の原理によって作動する経済や科学的思考の影響力がしだいに支配的になってくる社会の中では、芸術家の探求を苦痛にみちた反抗的冒険へと、駆り立てていくこととなったのです。芸術家は社会的通念と闘うことがなければ、自分自身のなかに眠っている流動的知性＝無意識を、おもてに引っ張り出してくることはできません。その時代のシュールレアリストたちの書いた勇ましい『宣言集』に、そのことはみごとに表現されています。

それはときには耐え難い苦痛を、芸術家にもたらすことになりますが、「それでもこの法外な苦痛の快さのために、私はそこから抜け出したいとは思わなかった」という聖女テレジアの言葉は、そのまま冒険的な芸術家たちの合い言葉でもありました。彼らは日常生活のもたらす快感を否定してでも、内奥の無意識からわきあがってくる悦楽に触れようとしていました。芸術はそのとき間違いなく、「ホモサピエンスの幸福」の源泉の場所に近づいていたのです。

アインシュタインとピカソ

それについて、とても興味深い共時現象を見ることができます。二〇世紀のはじめ頃、芸術の探求はますます先鋭化していましたが、同じ時代、科学の領域でもそれと同じ本質をもつ革命が勃発しようとしていました。美術の世界では、印象派の運動をさらに大胆に推し進めることのなかから、「キュビスム（立体派）」と「抽象派」があらわれてきましたが、それとほとんど同時期に、スイスのベルン特許局に勤める無名の科学者アインシュタインの頭脳からは、驚くべき「特殊相対性理論」が誕生しかかっていたのです。

科学と芸術の領域にあらわれたこれらの革命的な試みは、二〇世紀の人間の世界観や幸福感に大きな影響をおよぼしてきました。それというのも、こうした試みがいずれも、高次元のなりたちを持つ私たちの無意識の働きと直接的な結びつきを持つ、新しい認識の方法を開発しようとしていたからです。無意識を抑圧するのではなく、無意識を動かしている対称性の原理をそのまま生かして、それを科学の非対称性の論理のなかで正確に表現する——それが対称性人類学の視点からとらえた特殊相対性理論の本質ということになりますが、同時代の芸術家たちは、同じ主題をもっと感覚的なレベルで表現しようとしていました。

キュビスムの表現にたどり着く前のピカソが、アポリネールをはじめとする「洗濯舟《バトー・ラヴォワール》」の仲間たちと、熱心に「高次元の数学」の研究に没頭していたことは、よく知られています（ピカソ自身は、有名になるとその事実をやっきになって否定しましたが、事実証拠がたくさんありすぎて、本人の否定発言はむしろ精神分析学的な症例としての意味しか持っていないように思われます）。彼らが夢中になっていた「高次元の数学」は、つぎのような特徴を持っています。

人間の空間認識は、三次元以上を思い描くことができません。しかしだからと言って、人間の知性の外にある現実までが、三次元のなりたちをしているとは限りません。人間の知性が発達させてきた空間の認識様式は三次元ですが、それはあくまでも進化の過程で知性に加えられた限界づけからもたらされたものにほかなりません。カントは知性の外にあるリアルについては何も言えない、という態度をとりました。ところが二〇世紀のはじめ頃に勢いを持ち始めた「高次元の数学」の信奉者たちは、カントの戒《いまし》めもふりほどいて、高次元でできたリアルを人間が認識できるという可能性に、突き進んでいったのです。

キュビストたちはそこで、新しい物の見方の探求に取り組みはじめました。伝統的な絵画は、画家の視点の位置をきちんと決め、眼がとらえる経験を、過去―現在―未来という順序列に（仮想的に）秩序づけて、そのうちのどれかを特権的な時間として取り出すという約束に、したがってきました。

つまり、絵画表現の表層の部分では、非対称性の原理にしたがって、眼の体験しているものが、秩序づけられてきたわけです。

ところが眼がとらえているリアルは、そんな構造をしていません。人は複数の視点からまわりの世界を見ようとしています。リアルがたくさんの側面をそなえていることを、直観的に知っているからです。また経験は流動的で、いつも変化していくものであることも、よく知っています。非対称的な認識のやり方が、流動的に変化していくリアルには正確に対応していないことを、人は体験からよく知っています。

キュビスムの表現
(ピカソ「アヴィニョンの娘たち」)

そこで前衛的な芸術家たちは、リアルの構造を高次元的に認識するための絵画を、生みだそうとしていたのですが、じっさいのところ彼らがつくっていたのは、もともと高次元的ななりたちをしている自分たちの無意識を、表現のレベルにまで浮上させることにほかなりませんでした。ですからキュビスムなどがこの当時におこなっていた実験を、無意識のはらんでいる知性を高度に発達させるための試行錯誤としてとらえることができるでしょう。じつのところ、二〇世紀初頭の科学や芸術の領域では、無意識に内在する知性の可能性がさまざまな方法で探究され、その探究の最高の産物として、芸術ではキュビスムと抽象絵画が、科学の理論としては相対性理論と量子論が生み出されたのでした。

アインシュタインは友人の数学者アダマールに、こう語ったそうです。

書かれるあるいは話されるような、言語または言葉は、私の思考機構においては何の役割も演じないように見える……、思考の諸要素として役立つと思われる肉体的な実在は、〝自由意志的〟に再生され結合されるある種のしるしおよび多少明瞭な像であった……。上に述べた諸要素は、私の場合には、視覚的なものでまたいくらか運動的タイプのものである。伝統的な言葉あるいは他のしるしは、二次的段階においてのみ辛うじて探究されねばならない……（デービス、ヘルシュ『数学的経験』から）。

アインシュタインはここではっきりと、科学的アイディアは自分の場合、言語的知性のレベルには浮かんでこないと断言しています。それは視覚的で運動的な性質を持つ「自由意志的」な思考のレベルで発生する、というのが彼の考えですが、それはまぎれもなく夢や音楽の生まれ出る、対称的無意識の活動している思考の空間にほかなりません。そして、アインシュタインの創造した「相対性理論」くらい、思考の創造したものとそれを創造した思考空間の構造が、深い共通性をしめしている科学理論もありません。現代における「科学の革命」をもたらした創造的思考には、多かれ少なかれ、こういう特徴を見出すことが可能なのです。

今となってみると、芸術や科学のそうした試みも、すべて幸福の追求のひとつの形だったような気がします。同じ時代に、人類に幸福をもたらす社会形態を創造しようとする壮大な「社会主義」の実験が、地上の現実になりかかっていました。ロシア人たちは、それこそ苦痛にみちた変革を通過して、その先に真実の幸福をつくりだせると信じたのですが、その思考法を見ていると、同じ時代の芸術や科学の領域で盛んだった「革命」の考えと、深いところで通じ合っているのがよくわかります。

ロシア人のはじめた社会主義の実験も、少なくとも理念では「抑圧されない無意識」に基礎づけられた人格と対称性の社会の形成というものを、めざしていました。たしかにそれは悲劇的な失敗をとげてしまいましたが（失敗は必然的だったとも言えるのですが）、この苦い失敗をとおして、私たちはホモサピエンスの「幸福」について、さらに繊細で深遠な思想を生み出さなければならないことを、思い知らされたとも言えます。

幸福の未来

対称性無意識の働きがなければ、芸術というものはありえません。二〇世紀芸術の運動は、その意味では「ラスコーに帰れ」という、ホモサピエンスの原初的な体験の反復をめざしていたのだとも言えます。その結果、無意識の本質である「無限」に触れることになりました。無限はパラドックスをつくりだします。そしてこのパラドックスを生命として、現代芸術は同じパラドックスの本質を持つ資本主義と一体となって、今日まで生き延びてきたのだとも言えます。

資本主義も無限と深く関わっています。つまり、それも流動的＝対称性無意識の働きに深く根ざした経済システムなのです。資本主義のシステムは、ありとあらゆるものを数えられる量につくりかえようとします。感覚や情報のような「内包量」の世界にまで「測度《メジャー》」の概念を持ち込んで、そこに貨幣価値に換算できる実体をつくりだそうとするのです。絵画の値段は、そのための華やかな舞台となります。目で見える世界に引き出された無意識の作動の跡である芸術作品は、もともとそこに「測度」を持ち込むことが極度に難しい対象なのですが、それに値段がつく、しかもときどき法外な値段がついて、大金を投じようとする人があらわれる、という事実そのものが、資本主義の全能の証《あかし》となります。それは、無意識のような「無限集合」でさえ、貨幣価値につくりかえることができるのですから。

ところが、資本主義が関わっている無限には、どこか限界がつきまとっています。貨幣や商品には、強力な分離と抑圧の力が秘められています。何かの価値をもったものが数量として数えられるものに変えられるときには、いつもこの抑圧が働くのです。そうやって数えられる価値に変えられると、それは1、2、3、4、5、6……と無際限に数えられる富の形ができあがり、これが富の蓄積の欲望への物質的な支えをつくりだします。資本主義はこういうタイプの無限の考え方を背景にして、発達をとげてきました。

ところがその無限が、流動的知性である私たちの無意識の働きを抑圧し、無意識に苦痛をあたえていることも忘れてはなりません。なぜなら、対称性の論理で作動する私たちの無意識は、商品のような「数えられる無限」ではなく「順序づけられることもなく、また数えられることもない無限」としてできあがっているからです。そのために無意識の領域に商品化の魔力がおよぶたびごとに、無意識の沃野は荒れ地に変わってしまうのでした。

芸術はラスコー洞窟の壁画以来、ホモサピエンスの流動的知性＝対称性無意識の表現として、つねにこの「数えられない無限」とつながりを持ってきました。この無意識は、実数よりも高次元な「超実数」としての構造をそなえています。そのために、芸術と資本主義は同じ「無限」に関わるものとしての共通性をそなえながら、その「無限」の質の違いによって、鋭く対立しあう性質を持つことにもなっているのです。

芸術は対称性無意識のよろこびに根を下ろし、資本主義は無意識の非対称性原理にもとづく構造から、別種のよろこびを引き出そうとしてきました。どちらもホモサピエンスの幸福に関わっています。しかし、非対称的に改造された無意識の作動は、対称性無意識に耐え難い苦痛をもたらすというのも事実です。だから、かつて芸術は通念と必死で闘ったのでしょう。

こうしてようやく私たちにも、芸術と資本主義のあいだのその矛盾とパラドックスこそが、「ハピネスHappiness」という今回の展覧会の主題だったのだということが、見えてきたようです。しかし、問題はその先にあります。ホモサピエンスの幸福感がどこからわきだしてくるのか、その源泉の場所はほぼ突き止めることができましたが、私たちにはまだ正しいボーリングの方法が見出されていないからです。そう言えば、バートランド・ラッセル以来、本気で「幸福論」を書こうという人が現れていません。新しいそれが書かれなければならない時期が来ているようです。

第八章

よみがえる普遍経済学

バタイユにならって

この講義で展開されてきた対称性人類学の発想に、大きな影響を与えているもののひとつに、ジョルジュ・バタイユの思想があります。バタイユは思想の領域で、いくつものラジカルな「転倒」を遂行してみせましたが、ホモサピエンスの「心」の基体として流動的知性＝対称性無意識をすえることによって、「心」をめぐる諸問題に再編成をもたらそうとしている私たちの試みにとって、彼がおこなった思想の冒険くらい、勇気づけられるものはありません。

とりわけ、バタイユが経済学の領域でおこなった「転倒」の試みは、二〇世紀の構造人類学に本質的な発展をもたらそうとする試みである対称性人類学にとって、なくてはならない導き手となってきました。バタイユがおこなった第一の転倒は、経済活動の原点に「生産」ではなく「消費」をすえたことです。私たちの暮らしている社会では、生産は利潤をつくりだし、その利潤をもとにして、もっと生産を拡大していく、そのために生産がおこなわれています。ところがバタイユの考えでは、人類がそんなふうに生産のための生産をおこなうようになったのは、ごく最近のことで、それ以前の三万年を越える長い歴史の中では、むしろ生産がつくりだしたものを盛大に消費するために、生産はおこなわれていたというのです。

たしかに昔の人は、狩猟や生産で獲得した富を、ただいたずらに貯め込んだりするのは悪であり、また自分が稼いだ利潤のすべてを、次なる生産のためにまた注いでいくのは、恥ずべき吝嗇《りんしょく》だと感じていたようなふしがあります。そこで王も貴族も、たっぷり貯め込んだ富を、宗教的な祭儀や壮大な建築などに投入して、一気に、そして豪勢に消費してしまう機会をつくりだそうとしていました。資本主義が本格的に動きだし、生産のための工場や機械を持っているブルジョアジーのものの考え方が、社会で支配的になってくると、儲けたお金はさらなる生産の拡大のためにまわされるというのが当たり前になってしまいましたが、それ以前の社会では、せっせと稼いで貯めた富を公共的に盛大に消費してしまうために、生産や労働はおこなわれていたのでした。

消費とは破壊の別名にほかなりません。形あるものを破壊して形なきものにしたり、きれいに盛りつけられた料理を口の中に放り込んで、むしゃむしゃと嚙んで食べてしまうのも、まぎれもない破壊です。バタイユが取り上げている宗教的祭儀の場合で言えば、神様に人間の生命を捧げてしまう「サクリファイス（供犠）」などでは、この破壊はさらに劇的な表現をとるようになります。破壊の先には死が待っています。つまり、死は消費のひとつの形であり、生産は死をめざしておこなわれる、というのが彼の考えでした。

経済活動はなにかを生みだそう、生産しようとする「生の衝動（エロス）」だけで動いているのではなく、その根底には破壊や死をめざす「死の衝動（タナトス）」がひそんでいる。そう考えてみると、私たちの慣れ親しんだ経済生活の風景が、一変してしまうように感じられます。私たちの暮らしている資本主義社会は、「商品の巨大な集積体」として出来上がっていますが、その商品社会がダイナミックに動いていくためには、いたるところでさまざまな形の消費がおこなわれていなければなりません。「弱い形」をした破壊や死の衝動が、その消費を突き動かしています。

消費はいまでは個人的にしかおこなわれなくなっていますが、それでも、消費の現場ではマイルドでおとなしい形に変えられた破壊がおこなわれています。買い物をするたびごとに、私たちは軽い快感を体験しています。自分が所有しているお金を、財布から出して店員に手渡すたびに、私たちは自分の力の一部を失います。その喪失が快感をもよおさせ、店員がお金と引き換えになにかの商品の包みを私たちに手渡してくれると、喪失された価値の灰の中から新しい価値が再生してくるのを見届けて、私たちはまた歓びを感じます。こうした買い物の快感のベースには、あきらかに死の衝動に裏打ちされた無意識の働きをみつけることができます。

崇高で公共的な意味をすっかり失ってしまったとはいえ、ちっぽけなものに姿を変えた「サクリファイス」の破壊が、いたるところでおこなわれているのです。そして、この消費こそが資本主義の生命であるということが、現代ではますますあらわになってきています。死の衝動に裏打ちされた、このような消費の概念から出発して、経済学の全体系を再編成し直してみる必要があります。

そして、それを厳密な論理や数学で表現できる、新しい科学をつくりだしてみる必要があります。バタイユはそれを「普遍経済学」と名づけました。合理性や功利性だけにもとづいて、人間の経済活動を理解しようとする視野の狭い「限定経済学」に対抗して、新しい人間の理解としての「普遍経済学」というものが、たしかなものとして存在しなければならないのです。

死の衝動と対称性原理

そもそもフロイトが無意識の作動の中から取りだして見せた「死の衝動」そのものが、対称性の原理と深く関わっています。非対称性の論理にしたがって動いている私たちの日常的な意識では、ものごとの間には「順序性」が保たれているために、ひとつの心理地点から別の心理地点に移っていくのに、きちんとした順序にしたがって媒介された状態を、順番にたどるようにして進んでいきます。そのために、「心」が動いていく諸段階のすべてに媒介が挿入されている、安定した状態が保たれるようになっています。これが「生の衝動」というものを特徴づけています。

ところがフロイトが無意識のうちに発見した死の衝動では、すべてのものごとがスパークを飛ばすように、短絡的に進行していこうとするのです。ひとつの状態から別の状態へと、順序づけられた秩序をすっ飛ばして、間に挿入された媒介を無視して、一気に目的地点になだれ込んでいこうとする、強い衝動が働きます。生きていることの最終目的地点はどこだ、と言えば、それは死にまちがいないでしょう。人間の無意識では、順序性の秩序を無視して、一気に最終地点になだれ込んでいこうとする衝動をみいだすことができます。そこでフロイトはそういう「心」の働きを、「死の衝動」と名づけたわけです。

順序性の秩序を持たず、論理項の間に差し挟まれた媒介を否定して、瞬時に別の場所に移動（置き換え）してしまおうとする無意識の作動と言えば、私たちにはすぐにそれが対称性の原理で動いている私たちの無意識そのものの、根本的な働きにほかならないことが見えます。別の言い方をすると、対称性無意識を突き動かしているのは、まぎれもない死の衝動なのです。私たちは『神の発明 カイエ・ソバージュⅣ』において、流動的知性の働きそのものの中から超越性の思考が発生してくる様子を観察したことがあります。ここにきて、その超越性というものが、同時に死の衝動をはらんでいることが、はっきりと理解できます。バタイユはそれを「至高性」と名づけましたが、それは流動的知性＝対称性無意識の働きの内部にひそんでいるものと見て、ほぼ間違いないでしょう。

死の衝動をはらんだそういう至高性が、どんなささいな経済活動であっても、深いところで作動している様子を、バタイユははっきりとつかんだのです。至高性に触れているものは、日常の生活を秩序だてている交換や論理の環のなかには、組み込まれることがありません。それはいつも環の外にあって、ときおり垂直的に交換の環に介入してきます。そういう至高性が、消費という行為の深い部分にセットしてあります。

こういう至高性や死の衝動のことを、本質的な部分に組み込んである経済学は、まだつくられたことがありません。世の中で通用している経済学のほとんどすべてのものが、ただ「生の衝動」のあらわれ方を、手を替え品を替えて理論的に表現しているにすぎないようにも思えます。そういう経済学を土台から「転倒」するものとして、バタイユの「普遍経済学 Economie générale」は構想されました。その意味でも、対称性人類学と普遍経済学とは仲のよい兄弟なのです。

至高性としての「純粋贈与」

普遍経済学にとって、「贈与」はとりわけ大きな主題をかたちづくっています。贈与が合理主義的な動機と論理だけで動いていく「交換」とちがって、無意識の論理によって動かされているからです。商品交換のようなものでも、消費への欲望なしには、少しも動いていきません。そういう意味では、どんな交換でもいちばん奥の部分には、破壊的な死の衝動がセットされていて、それが商品社会の全体を動かしている見えない機動力だとも言えるのですが、贈与にあっては、そのことが露骨にむきだしにされています。

「贈与の原初的形態」としてよくとりあげられる、北米大陸の北西海岸先住民であるトリンギット族やハイダ族などがかつて盛大に挙行していた「ポトラッチ」のことを考えてみれば、そのことがよくわかるでしょう。ポトラッチでは長い間かかって貯め込んだ富を、贈り物の形で一気に消費し尽くそうとします。それでもおさまらずに、一部の過激な首長たちは、自分の所有しているもっとも貴重な紋章の入った銅板を、衆人環視のもとに叩き壊したり、海に投げ入れてしまおうとしていました。盛大なお祭りとして挙行される贈与の行為は、その極限でバタイユの言う「至高性」に触れています。創造力みなぎる「無」とでも呼びましょうか。そのような無が贈与のダイナミックな行為全体を、動かしているように見えてきます。

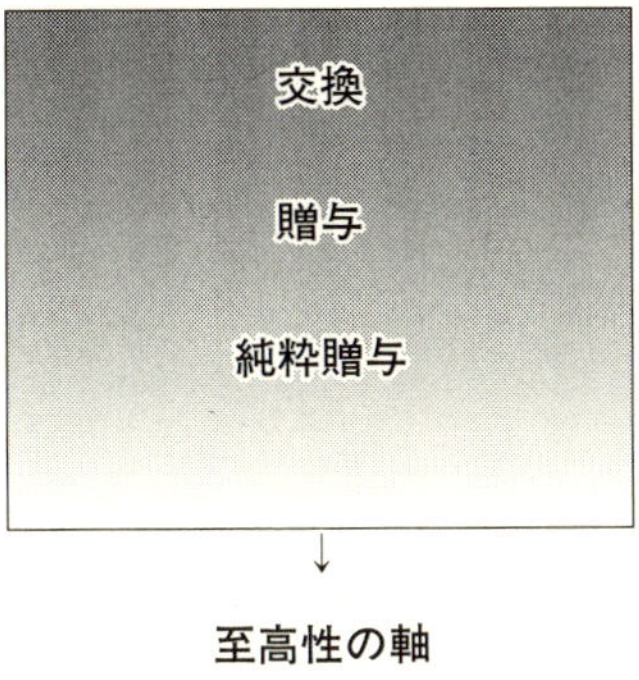

それがいわゆる「未開社会」の独占物でないことを、私たちは

ポトラッチで消費される大量の織物
(Ruth Kirk, *Wisdom of the Elders*, DOUGLAS&McINTYRE, 1986)

『愛と経済のロゴス　カイエ・ソバージュIII』の中で見届けようとしました。資本主義によって動く私たちの社会生活のいろんな場所で、贈与の原理が動いています。しかも、一言で「贈与」と呼ばれたその内部が、「純粋贈与」と呼ぶ原理と一種の経済行為である「贈与」の原理との、二つの原理の競合として構成されている様子も観察してきました。

このうち純粋贈与は、バタイユの言う至高性と言いかえることもできます。それは見返りをいっさい求めない贈与として、贈与の極限の形態を示しています。返礼を求めない純粋贈与は、どんな形のものであっても、交換や贈与の環を形づくることがありません。それは贈与交換の環の外にあって、そこに垂直的に介入をおこないます。

そういう原理がポトラッチを根底で動かしているという思想を表現するために、先住民の首長たちは貴重な銅板の破壊をおこなったりするわけですが、そういう過激な行動によって、贈与－返礼の環の中にはない純粋贈与の至高の原理が、このポトラッチ全体を突き動かしていることを、その場に集まった人々に伝えようとしているのです。

『小僧の神様』ふたたび

しかし、私たちが暮らしているような資本主義社会では、事態はこんなふうに思想をむきだしにしたような形では進行していきません。商品経済は交換の原理だけによって動いていくというのが建前ですから、そこには対称性論理によって作動する贈与や、贈与の極限にあらわれる至高性としての純粋贈与などは、いっさい表面にはあらわれてこないようにして、すべての経済活動は進行していくようなふりをするのです。

ところが、そこにも至高性は働いています。とても微妙な姿をして、うっかりすると見過ごしてしまうような何食わぬ表情をして、至高性はあらわれるのです。私たちはその微妙な立ち居振る舞いを、志賀直哉の小説『小僧の神様』を素材にして、取り出してみたことがあります。そこにはつぎのような三つの原理が関わっていました。

ブルジョアであるAは、商品経済社会の下層労働者である小僧に同情して、素性をあかさないようにしてこっそりとお寿司のごちそうをしてやったのですが、そのことでしだいに重苦しい気持ちになってきてしまいます。Aの心理とはこうです。自分は小僧が食べたがっていたお寿司を、匿名者からの贈り物としてあげた。とうぜん相手からの見返りなどは期待していません、それどころか「貧しい人に贈り物をした善人」とみられることもいやだったので、贈与品はあってもそれを贈与してくれた者がわからない、いない、という状況をつくりあげてしまいました。

　すると自動的にAは純粋贈与者の位置についてしまうことになります。しかし、それが嘘だということに気づいているAの気持ちは暗くなります。自分が善人とみられることを期待すれば、それで社会や神様からお褒めを頂くことになるわけですから、形をかえた返礼を期待していることになります。そうなると贈与の環は閉じられることになりますが、Aはそれを偽善と考えるのです。贈与の環を閉じて、贈り物には返礼が返ってくるという状況をつくることもできず、さりとて自分を純粋贈与者たる神様（至高性）の位置につけてしまうことなど、できるはずもありません。こうして、ささいなお寿司のおごりからはじまったこの心理劇は、なんの解決もみいだせぬまま、ラストを迎えることになります。そのラストに、小説家はこう書きつけています。

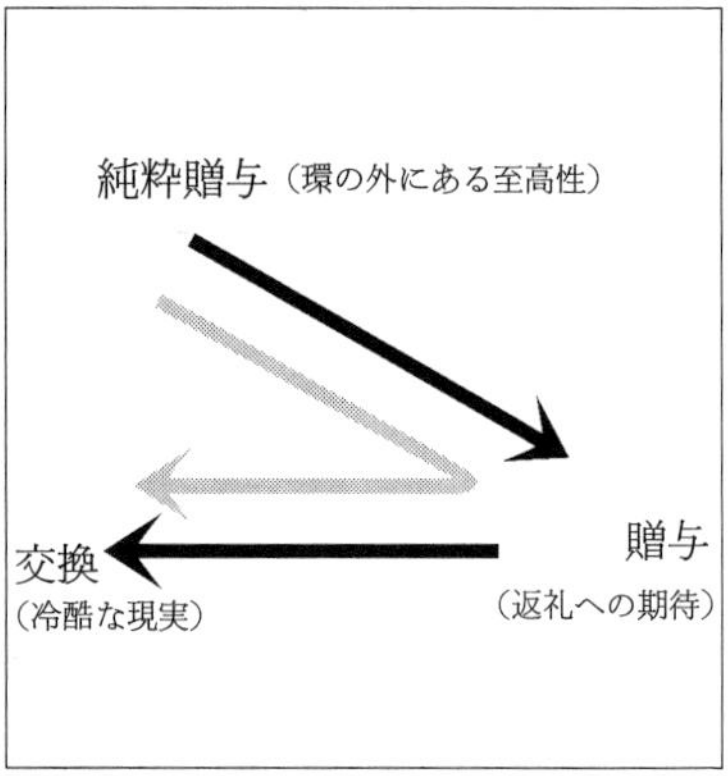

　作者は此処《ここ》で筆を擱《お》く事にする。実は小僧が「あの客」の本体を確めたい要求から、番頭に番

地と名前を教えてもらって其処を尋ねて行く事を書こうと思った。小僧は其処へ行って見た。ところが、その番地には人の住いがなくて、小さい稲荷の祠《ほこら》があった。小僧は吃驚《びっくり》した。——とこういう風に書こうと思った。しかしそう書く事は小僧に対し少し惨酷な気がして来た。それ故作者は前の所で擱筆《かくひつ》する事にした。

経済社会の片隅で起こったこんなささいな出来事のうちに、至高性＝純粋贈与という「普遍経済学的な原理」が関与しているという驚くべき発見が、ここには見事に語りだされています。たしかにこの純粋贈与の原理が関わっていますと、この小説にも描かれているように、人はとてもデリケートな状況に巻き込まれていくことになります。相手の心理を洞察したり、自分の行動がつくりだしている状況は偽善に陥っているのではないかとか、しょっちゅう細かな配慮を配っていないと、変なことになってしまいがちなのが、贈与というものです。

それに比べれば、交換はとても楽です。商品とそれを得る人間とは人格的分離がされていますので、カウンターで無造作にお金を投げ渡しても、別にそれで問題が発生するわけではなく、スムーズに商品はこちらに手渡されてきますものね。そのかわり、そこには至高性の要素が完全に欠落しています。そのおかげで、贈与的な経済行為がつくりだす人格的な交流というものは、いっさい発生できません。交換はとても便利なシステムなのですが、それによって人間には失うものもあり、ましてやその原理だけで社会が構成されるようになると、無意識を基体としてつくられている私たちの「心」

は、深刻な影響を被《こうむ》ることになります。

純粋贈与という至高性を組み込んだ資本主義というものが、はたして可能なのかどうか、交換と贈与のバイロジックとして構成された（そのバイロジック全体を支えるのが、至高性である純粋贈与の原理なのですが）経済システムは、どのような構造をとらなければならないか。経済システムをつうじて、ホモサピエンスが真実の幸福を体験できるような経済システムを構想するためには、無意識の作動と経済システムの関わり合いを、これ以上はないと思われるほどの深い部分で考え抜いてみる必要があります。これは対称性人類学が取り組んでみるに値する、ほんものの問題です。

原初的抑圧としての「数」

私たちは対称性無意識の構造をトポロジーとしてあらわしてみると、それが「クラインの壺」のようなつくりをしていることを見てきました。しかしそのままだと、経済の分析には使えません。なぜなら、交換にもとづく経済活動は「数」をもとにしているからです。

経済の活動をおこなうにふさわしい数を利用して、それを足したり引いたり掛けたり割ったり、微分したり積分したりしながら、複雑きわまりない経済の全活動はつくられています。ですから、純粋贈与という至高性を組み込んだ贈与について、交換による経済学（バタイユの言うところの「限定経済学」）に匹敵するような数学的な理論をつくるためには、贈与論にふさわしい数がどんな種類のものであるかを、はっきりさせておかなければなりません。

古代ギリシャの哲学者ピタゴラスが考えたように、数はすべての思考の基礎をなすものです。現代のコンピュータ技術を支えている論理哲学者たちも、ピタゴラスと同じように、人間のおこなうあらゆる推論・思考は、数の組み合わせに還元できると考えています。どんな思考でも、ちゃんとした手続きをとおせば、数の組み合わせとして表現できてしまうというのです。

つまり、数は人間のおこなう表象化の能力の、いちばん基礎にある「シニフィアン」なのです。その「シニフィアン」が思考の中に存在しているおかげで、ものごとを表象することができるようになるわけですから、これはあきらかにフロイトの言う「原初的抑圧」の働きをするものにほかなりません。いちばんはじめに生まれた数は、自然数ですから、それが人類の「心」に原初的抑圧をおこない、そこからいっさいの論理的思考が可能になった、と考えることができるでしょう。

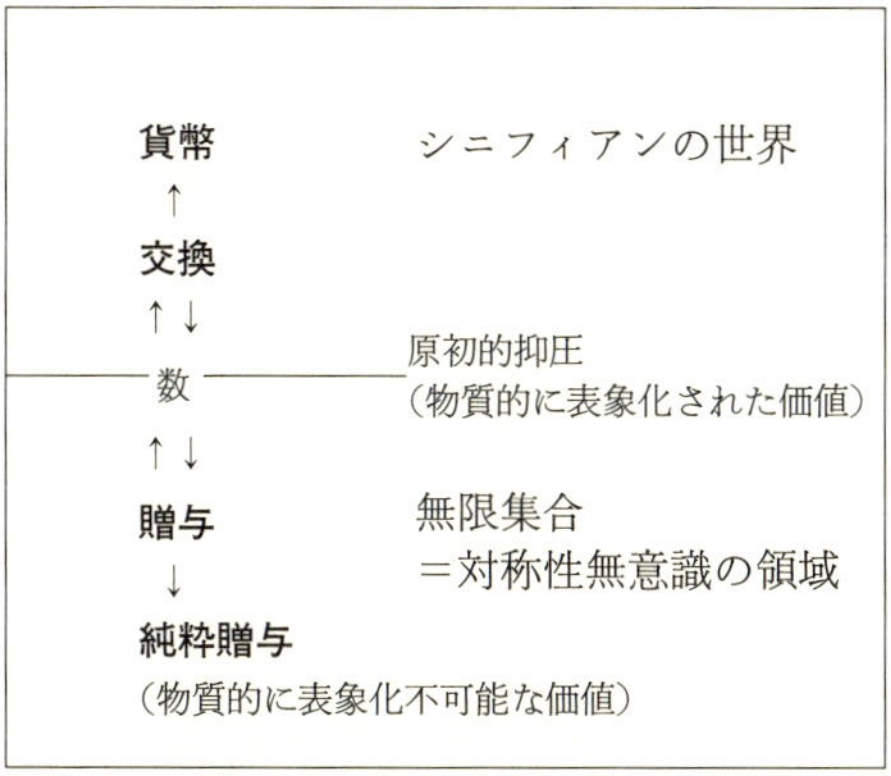

交換はこの数のもつ原初的抑圧の能力を、出発点にしています。交換という行為を何回もくり返していれば、いずれその中から貨幣が生まれ出ることになるでしょう。貨幣は交換の過程を合理的に整備して、商品が安定して循環していけるような、大きな経済システムをつくりだしてきました。数による人の「心」の支配は、そういう現場から発生してきたものです。自

然数にはじまり実数にたどりつく数の発明こそ、交換による限定経済の母であると言えるでしょう。

ところが贈与というシステムは、すでに詳しく観察してきたように、対称性の論理で作動をおこなう無意識と直接のつながりをもっています。この対称性無意識は原初的抑圧の手前に広がる、無限の（文字通り無限の）拡がりをもつ「心」の大陸でおこなわれている活動なのです。そこにおこっている運動を、物質的な表象でとらえることはできません。つまり、「心」のその領域は、原初的抑圧以前の、表象化不可能な、高次元の活動をおこなっているわけですから、自然数や実数とは根本的に異なる構造をもっている、何か新しいタイプの「数」でなければ、その動きをアナロジカルにつかむことさえできないだろうということが、予想されます。

したがって、純粋贈与から貨幣にいたるまでの、経済活動の全領域でおこっていることを、前ページのような概念図でとらえることができると思います。贈与が作動している無意識の領域は、対称性の論理にしたがって動く無限集合のつくりをしているものとして、原初的抑圧の以前ないし手前に存在している、「心」の巨大な大陸です。そのために、この無意識の「理想《イデアル》」としては、価値は物質的に表象されてはいけないということになります。

そのために、ポトラッチの儀式では、気前のいい威厳のある首長の特権として、最大の価値物である紋章入り銅板の破壊がおこなわれます。そのとき首長は、こう言いたいのでしょう。この贈与の聖なる環を動かしているのは、こんな物質に表象化されている富への欲望なんかじゃない。贈与を動かしているのは、環の外にあって、どんな物質的な形にも表象できない価値なのである。それが、人間に「崇高な価値」というものの概念をあたえることのできる、唯一の権威なのである。それを知らしめるために、わしはこうして惜しみもなく、物質に表象化された価値を破壊するのである、と。

経済活動のすべての中心に「数」がすえられています。一九世紀の数学者のクロネッカーという人が「自然数は神がつくりたもうたものである。しかし、ほかのすべての数は人間がこしらえた」と語っていますが、この言葉はじつに意味深長です。一神教の神は、原初的抑圧というホモサピエンスの「心」の発生現場におこっている出来事そのものを、神聖化したものであるとすると（第五章参照）、その場所に生まれた自然数こそ、神と同じ構造を持っていることになるわけですから、クロネッカーの言うように、「自然数は神がつくりたもうたもの」にほかなりません。そのほかのすべては、人間がこしらえたものです。なぜなら、自然数の発生がおこなった原初的抑圧をもとにして、人のおこなうすべての表象・思考の活動がおこり、そこに複雑きわまりない「シニフィアンの世界」がかたちづくられるわけですから、それは人間のこしらえたものにほかなりません。

純粋贈与のような至高性を組み込んだ普遍経済学をこしらえるためには、原初的抑圧の以前ないし手前に広がる対称性無意識の領域に、絶妙なタッチをおこなっているような、オルタナティブな「数」の概念を探さなくてはなりません。幸いにして、現代数学はそのような「数」を知っています。それはライプニッツ流の実無限としての「無限小」や「無限大」を組み込んで拡大された実数、すなわち「超実数 Hyperreal Number」の体系です。

無限小＝役に立つ想像上の数

ライプニッツは微分積分学を創造するさいに、「役に立つ想像上の数」として「無限小 infinitesimal」という概念を導入しました。この数は、0《ゼロ》とは異なる数ですが、どんな実数よりも小さな数だと考えられました。どんな実数よりも小さいわけですから、この無限小を何回加えても、やっぱりどんな実数よりも小さいということになります。実数には「アルキメデスの原理」が成り立ちます。それによれば、どんな実数でも何回か加えれば、ほかのどんな実数よりも大きくできるというもので、私たちの直観とも合致している考えですが、無限小ではそれが成り立たないのです。

たしかにそれは「想像上の数」かもしれません。現実の世界には、これがその無限小ですよ、と言って取り出してこられるようなものは存在していないからです。しかし、人間の思考はそれを考え出すことができます。考え出すだけではなく、その「想像上の数」を縦横無尽に駆使して、微積分の計算をおこなうこともできます。

それはちょうど「ユニコーン（一角獣）」のような、想像上の動物と似ているかもしれません。ユニコーンについての話を知っている人なら、誰でもその動物の形状や性質について、詳しく語ることができます。ところが、それが実在の動物でないことは明白なのです。この動物がいると、何か便利なことがあるのかどうかはよく知りませんが、いずれにしても、ユニコーンは「想像上の動物」としては絵に描くこともできれば、言葉で表現することもできる、しかし実在しない生き物です。

あるいは、それは「天使」のような想像上の存在と、よく似ているかもしれません。現実の世界に実在しているものとして、「はい、これが天使です」と言って、それを人前に連れてくることは、どんな聖者にも不可能な芸当です。しかし、キリスト教神学には「天使学」という大きな専門分野があって、天使の特性や性質や形状について、じつに克明な説明や描写がおこなわれてきました。天使はたしかに「役に立つ想像上の存在」です。この概念ができたおかげで、キリスト教は神の「永遠」と現実世界の「歴史」との中間に、「永在《エヴィターナル》Aveum」という特殊な時間の概念をさしはさむことができるようになり、そのおかげで、ヨーロッパ世界は資本主義の近代を押し開くことができたとまで、言われているからです（これについては、すぐ後で詳しくお話しします）。つまり、天使という概念を自在に使って、思考に未知の領域を開くことができるのです。

ユニコーンと貴婦人
（16世紀フランスのタペストリー）

　ライプニッツによる「無限小」は、そういうものと同じように、現実の世界には実在していないものだけれども、あたかもそれが実在しているかのように考えて、上手に使用することができれば、この世界のさまざまな難問をたやすく解いていくことができるという性質をもっている、一種の「イデアル（理想的なもの）」です。ところが、無限小はそういう性質を持っていますから、登場してきた最初から、人々に不安を抱かせてきました。それを合理的に理解することができないからです。

無限小という概念を、原初的抑圧のおこなわれる「壁」を自由に行き来できる、特別な数として考えてみることができます。私たちの無意識は無限集合としてのなりたちをしていますから、そこには無限が実在している（実無限）という言い方もできます。自然数にはじまる数の体系は、原初的抑圧の「壁」のこちら側につくりだされたシニフィアンの世界に属しているものです。ところが、無限小はその「壁」を通過して、向こう側の実無限に触れて、その感触をたずさえたまま、こちら側のシニフィアンの世界の方に、素性は定かでないけれども何かの「数」であることは間違いがないような存在として、なにくわぬ顔をして戻ってきて、けっこうな働きぶりを見せて、みんなに重宝がられてきたわけです。

そういう怪しい素性をもった数ですから、近代になって、シニフィアンの世界に属するものをなんでもかんでも貨幣のように合理化しようとする風潮がつよくなってきますと、無限小のようないかがわしい概念はなるたけ使わないほうがいいのではないか、という意見が強くなり、微積分の世界からも追放されてしまったのでした。無限小の追放は、近代資本主義の発達と軌を一にしています。その資本主義は一神教文明の土台の上に花開いた経済システムとして、原初的抑圧としての数と貨幣によって支えられていましたから、そこに無限集合としての無意識の働きをひそかに運び入れてしまう無限小のような概念を、神経質なくらい警戒したのです。

超準経済学の扉を開く

その無限小の概念が復活したのは、なんと一九六〇年のことでした。その年、数学者エイブラハム・ロビンソン Abraham Robinson が新しい「超準解析学 Non-standard Analysis」を発表して、無限小というライプニッツ流の概念は、まったく論理的にもまともな存在であることを示してみせたのです。「無限集合」についての数学は、この頃まではずいぶんと深められていましたから、それを使って無限小という概念がまったく正当なものであることを示せるようになったのです。もっともそれは標準的な世界ではなく、超準的な世界でしかなりたたない考えですが、面白いことに、贈与が交換へとスムーズに滑り込んでいくことができるように、超準的な世界の出来事は標準的な世界の出来事に、スムーズに移行していくことができます。

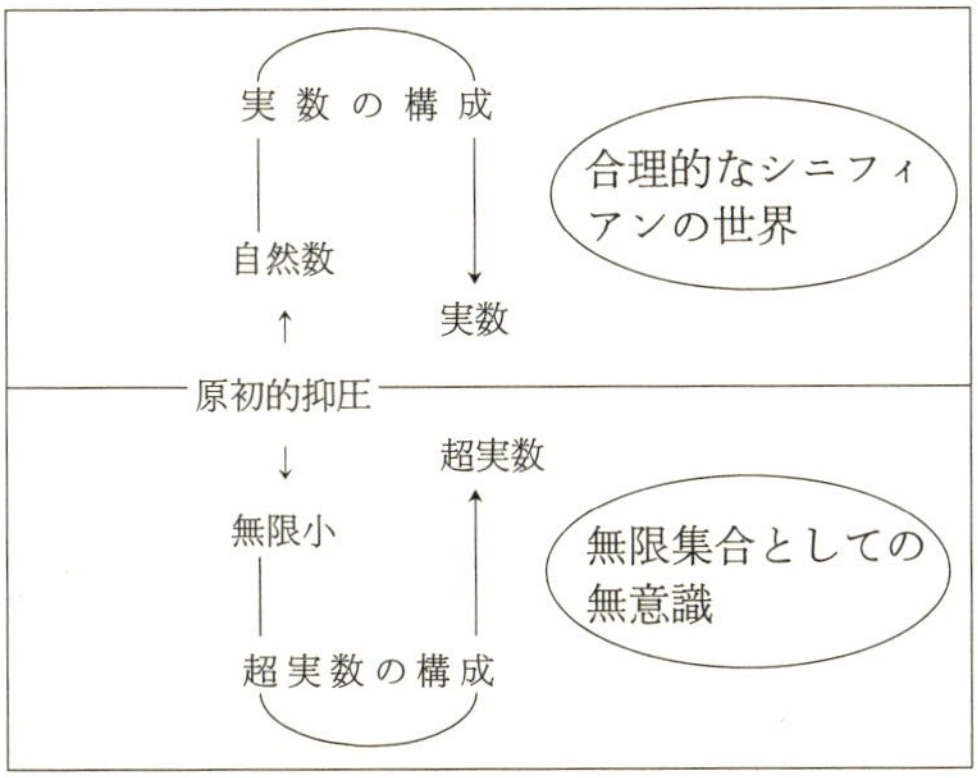

私はこの超準解析学による無限小の考え方、またそこから生み出されてくる「超実数」の考え方が、新しい贈与論をつくりあげていくうえで決定的な重要性を持つ、と考えています。そ

れは、無限集合＝対称性無意識と原初的抑圧の間を自由に行き来している贈与の行為と、シニフィアンの世界を突き抜けて無意識の領域に触れているライプニッツ的無限小の概念とが、アナロジカルな関係にあると考えられるからです。

数学の不思議さは、それが無意識の領域の出来事まで記号《シニフィアン》にしてしまうことができるところにあります。しかもその記号は厳密な論理の規則にしたがわなければならない、というのが数学のルールです。それによって、対称性の論理で動いている無意識の領域の出来事が、厳密に非対称的な論理で表現されるという、希有のことがおこるわけです。音楽にもそういうところがあります。また、神話的思考もそれとよく似た動作をおこないます。夢もそうです。「超実数」の考え方には、数学の持つそういう特徴がみごとに発揮されています。これから、その考え方とのアナロジーによって、ひとつ経済学の思想に風穴を開けてやりましょう。超準経済学 Non-standard Economics としての普遍経済学というものは、絶対に存在するはずなのですから。

贈与論の論理＝数学的基礎（1）

超実数を構成するには、いろいろなやり方がありますが、ここではキースラーという数学者の考案したいちばん簡単な方法で、説明してみたいと思います。

現実の数（実数、Rであらわします）に、「現実の世界に具体的な対応物を見出すことはできないけれど、役に立つ想像的な数」である無限小をつけ加えてできる数の体系を、超実数（*Rと書くことにします）と呼ぶことにします。無限小はそれをいくら加えても、何倍してみたところで、どんな数よりも小さいという性質をもっています。無限小はまるで精霊や天使のような数なのです。

こういうとてつもない性質をもった数を、人間の思考がふつうに扱うことができるためには、言いかえると、対称性無意識の特性をはらんでいる無限小のような要素を含んだ数の体系を、まるでふつうの数のように非対称性の操作で取り扱うことができるためには、超実数の間に「同値関係」や計算の規則を考え出さなくてはなりません。それはこうします。

超実数xは、ふつうの実数のまわりに無限小の星雲をくっつけている数だとイメージすることができます。その星雲状をしている超実数の間に「同値関係」というものを考えることができます。無限小はどんな数よりも小さいのですが、それでも0《ゼロ》よりは大きな数です。そうすると、二つの超実数*aと*bの差が無限小であるときには、その二つの超実数は「同値である」と考えることができるようになります。

*a≈*b　　*a－*b≈無限小

無限小の概念が入らないと、超実数のつくりをした二つの数の間には、同値関係が発生できません。つまり、実数とはちがって自分の「標準的部分」のまわりにボワーッとした星雲状の無数の要素を持っている超実数の間に、「この数とこの数は同値である」と言うことができるようになるためには、ユニコーンのような、天使のような、超薄で、超細密で、極小な、無限小の概念がどうしても必要なのでした。

実数をrとかsとかのようにあらわすとすると、そういう星雲状をした超実数*rおよび*sは、無限個の実数を寄せ集めて並べたものとして、つぎのように表現することができるでしょう。

$^*r = (r_1, r_2, r_3, r_4 \cdots\cdots)$

$^*s = (s_1, s_2, s_3, s_4 \cdots\cdots)$

このような書き方は、贈与を表現するのに適しています。贈与は交換の場合のように、実数の間の関係に還元できない、多次元性をもっているからです。たとえばマルクスの考えでは、商品の価値というものはそれをつくるのに必要とされた「抽象的な労働時間」というひとつの尺度に還元できるものです。こういう尺度に還元しておけば、背後にあるその「抽象的な労働時間」の大きさを比較して、値段をつければよいわけですから、明確な数字で表現された「等価関係」を考えることができるようになります。

ところが、使用価値としての値段に加えて、社会的価値やら威厳やら友情やらが複雑にからんでいる贈与の価値を（たんに「贈与物」の価値というふうに言えないのは、物に付着して動いていく「贈与の霊」がくっついているからです）、こんなふうな単一の尺度で決めることはできません。贈与は実数では表現できません。それは、超実数の考え方を使わないと、うまく表現することができないのです。

ですから、贈与で受け渡しされる価値は、$^{*}r=(r_1, r_2, r_3, r_4\cdots\cdots)$ や $^{*}s=(s_1, s_2, s_3, s_4\cdots\cdots)$ のような星雲状をした超実数としてあらわすことができ、しかも無限小の概念を入れると、その間に「同値関係」をつくって、「二つの数は同値である」という状態を考えることが可能になってくるわけです。

もしも、$(r_1-s_1, r_2-s_2, r_3-s_3, r_4-s_4\cdots\cdots)\approx$ 無限小、ならば

$$^{*}r=(r_1, r_2, r_3, r_4\cdots\cdots)\approx{}^{*}s=(s_1, s_2, s_3, s_4\cdots\cdots)$$

もちろんじっさいの贈与の現場では、こんな正確な思考がおこなわれているわけではなく、全体が「だいたいの目分量」で比べられているのですが、交換の場合のような単一尺度（抽象的労働時間）を考えることのできない贈与において、多次元的ななりたちをした星雲状の価値どうしの間に、「だいたい同値である」という思考を可能にしていくためには、思考のモデルとしては、こういう超実数算術が実行されていることは、まちがいありません。

贈与論の論理＝数学的基礎（2）

そうすると、贈与が商品としての価値や物の使用価値だけではない、「なにか言い表しがたい＋《プラス》α《アルファ》」をいっしょに相手に手渡しているというふうに、みんなが感じている理由を、よく理解するこ

とができるようになります。贈与される物は、ひとつの星雲をかたちづくっています。それは、実数の価値で表現できる「標準的部分」と実体のない「無限小」との結合としてできた「超実数」とアナロジカルな関係にあることがわかります。

贈与：「現実的な数（実数）で表象できる標準的部分」＋「実体的に表象することのできないモノ」

超実数：「実数で代表される標準的部分」＋「無限小（現実には存在しない想像物）」

こういうタイプの「数」の間に同値関係を入れるには、「役に立つ想像上の存在」である無限小のような概念が必要です。贈与においても事情は同じで、無限集合にかかわる「なにものか」が作動をおこさなければ、贈与の環は動き出すことはできません。ユニコーン的な存在がいなければファンタジーは動きはじめることがないし、天使がいなければ、キリスト教神学は「繊細の心」には到達できません。贈与にあって、贈与の環を動かすことのできる存在、それは「純粋贈与」の概念をおいてほかにありません。

純粋贈与をふつうの贈与と分けているのは、ふつうの贈与では粗大な物質性をもった贈り物が相手に手渡されなければならないのに、純粋贈与では、贈られるものに含まれる物質性は可能なかぎり希薄であるというところにあります。物質性が完全に失われてしまえば、贈与がおこっているかどうかわかりません。しかし、物質性が感じられれば、それはもはや純粋贈与ではなくなって、『小僧の神様』に登場する貴族院議員Aを悩ませるもとになります。つまり、純粋贈与は物質性の超希薄な、それこそ「霊的」とでも言うしかない、微細な思考によってはじめてとらえられるような概念なのです。

同じことが、数の世界でもおこります。無限小のような「理想数《イデアル》」がなければ、せっかく考えだされた超実数は瞬時にして消失して、あとには標準的部分としての実数しか残りません。それはちょうど、純粋贈与という概念がなくなってしまうと、いままで贈与として人々の間に出来上がっていた関係が、たちまちにしてただの交換に変化していってしまうのとそっくりです。つまり、純粋贈与－贈与－交換のつくりあげている関係は、理想数（無限小）－超実数－実数のつくる関係と、「同型《ホモロジー》」しているわけです。

数の世界：	**経済の世界**：
無限小（理想数）⇔ 超実数	純粋贈与 ⇔ 贈与
↓（縮減）	↓（頽落）
実数	交換

贈与による結びつきが存続していくためには、どうして現実には実現不可能にも見える純粋贈与のような考え方が必要になってくるのか、その理由がおわかりになったと思います。経済活動の天使である純粋贈与がないと、贈与という行為は自分を維持することができなくなってしまうからです。

そうなると、世界中が交換の原理一色に覆われていくようになります。そこではあらゆるものが商品になり、「魂」と呼ばれていた「心」の働きは、情報を操作したり計算をしたり論理的な推論ができるだけの知性に、変わってしまいます。そういう世界が、ホモサピエンスの「心」に真実の幸福をもたらさないことは、「心」の構造から見てもあきらかなことです（第七章参照）。このことは、この世界が干からびてしまわないためには、「役に立つ想像上の存在」が必要だということを、私たちに教えているのではないでしょうか。

「繊細な精神」と「幾何学の精神」

たしかにフォークロア（民俗学）などの研究をしてみますと、まだ人々が精霊だとか妖怪だとか天使だとかの存在を信じていたその昔、言いかえれば、そういう流動的知性＝対称性無意識の働きから直接あらわれてくる概念が人々の思考に組み込まれていた頃、人間たちはほかの人間のことや、動物や植物などこの世界を構成しているほかの非人間的な存在に対しても、きわめてデリケートな、優しい心づかいをしめしていたことが偲ばれます。自分のまわりのものを乱暴にこき使ったり、無理な要求をして相手を苦しめたりすることがなかったのですね。

これに関して、哲学者のブレーズ・パスカルが有名な『パンセ』という本の冒頭で、つぎのようなことを書いています。

幾何学の精神と繊細の精神との違い。

前者においては、原理は手でさわれるように明らかである（……）。歪みきった精神の持ち主ででもないかぎり、見のがすことがほとんど不可能なほどに粒の粗いそれら原理に基づいて、推理を誤ることはない。

ところが繊細の精神においては、原理は通常使用されており、皆の目の前にある。あたまを向けるまでもないし、無理をする必要もない。ただ問題は、よい目を持つことであり、そのかわり、これこそはよくなければならない。というのは、このほうの原理はきわめて微妙であり、多数なので、何も見のがさないということがほとんど不可能なくらいだからである。ところで、原理を一つでも見落とせば、誤りにおちいる。だから、あらゆる原理を見るために、よく澄んだ目を持たなければならず、次に、知りえた原理に基づいて推理を誤らないために、正しい精神を持たなければならない（『パンセ』「世界の名著」第二四巻、中央公論社）。

この文章はまるで、いまここで私たちのおこなっている対称性人類学の試みのために書かれたもののように、思われるではありませんか。私たちは経済行為と経済学が、「手でさわれるように明らか」な、しかしそのかわりきわめて「粒の粗い原理」に支配されている現実を批判してきました。人類学が教えてきたように、人類の経済行為がはじめからそんな風に「粒の粗い原理」にばかり支配されてきたわけではないことを、私たちはよく知っているからです。

交換の原理にもとづく経済行為が、ここでパスカルの言っている「幾何学の精神」にあたるとするならば、「繊細の精神」にもとづいておこなわれた経済行為を代表しているものは、贈与にほかなりません。贈与は「粒の細かい原理」でできています。なにしろそれは「贈与の霊」というような、粒の粗い思考のフィルターには絶対にひっかからない、手で触ることもできなければ目で見ることもできない、超細な動きをするものにもとづく原理にしたがっているからです。

そのような繊細な行為を間違いなく実行するためには、それこそ「澄んだ目」と「正しい精神」とを持たなければなりません。繊細な精神は「超細な目」をしたフィルターのようなものです。無限小がようやく体いっぱいで通過できるかどうかというぐらい、細かい目をもったフィルターでできた思考だけが、贈与のような行為を正しくおこなうことができる、と言ってもいいでしょう。

近代人の精神には、もうそんな繊細なフィルターは装備されていません。交換の原理がひっかかるのにちょうどよいくらいの、目の粗いフィルターでできた社会では、贈与の原理などは持続することができません。あらゆるものが交換の原理によって取り扱われていくことになります。その結果として、私たちは「巨大な商品の集積でできた社会」である資本主義社会をつくりだし、非対称性の原理という「幾何学の精神」だけで動かされていく社会を、つくりだしてきました。

しかし、そういう幾何学の精神の中から、超準解析(無限小解析)のような思想が出現してきたことが、なにかの予兆をあらわしているような気がします。極細なフィルターでなければ、無限小のような天使的な存在の通過を確認することはできません。その無限小を幾何学の精神の代表である数学の中に組み入れたときに、そのような思想が生まれたわけですが、その思想の構造はそのまま、私たちの扱っているような「繊細な精神」がつくってきた人間の行為にも、あてはめることができるようになります。

「至高性」の中身が見えてきた

おそらくバタイユも、「至高性」という言葉によって、このような極細フィルターでできた至高の運動を言いあらわそうとしていたのではないでしょうか？　なぜなら、贈与や消費の極限的な状況に出現してくるこの「至高性」は、物質性のとっかかりのまったくない、超越の神のごとくに絶無（絶対的な無）な概念をあらわしているのではないからです。

贈与という行為の先に、純粋贈与という理想的《イデアル》な思想がひかえていることを表現するために、ポトラッチをおこなう先住民の首長は、貴重な銅板を破壊してみせます。こうして出現する純粋贈与の概念は、極限状態でおこなわれる破壊や消費として、かすかな物質性がともなっていなければならないのです。超越神の絶無ではなく、超希薄な（どれぐらい希薄かと言えば、無限小の希薄さです。0《ゼロ》よりも大きいけれども、どんな現実の存在よりも希薄なもの、という意味です）物質性・現実性をそなえた概念、それが純粋贈与の概念なのです。

たしかにこれは天使とそっくりです。天使は、キリスト教神学では、肉体をもたない不可視の存在であると言われていますから、質料《マテリアル》的身体をともなわない聖霊の仲間であると考えられています。しかし、いっぽうで天使は神の被造物であるとも言われます。つまり、天使は無ではないわけです。

そればかりか天使は、神の住む「永遠《アエテルニタス》」の時間には住んでいません。それは「永在《エヴィターナル》（Aevum）」の時間に住んでいると言われます。「永在」時間は、神のものである無時間の永遠性と人間のものである有限な時間の間をつなぐ、中間的な時間の概念をあらわしていますから、ここでもやはり超薄、超希薄な物質的現実が入り込んでいます。

それを「数」の概念であらわしてみれば「無限小」になりますし、さらにそれは極細なフィルターの概念となって、超実数の体系をつくりだします。私たちは、新しい対称性の思考にもとづく贈与論を構築していくために、この超実数の理論をひとつのモデルとして利用してきましたが、同じことを天使をめぐるキリスト教神学などをモデルにして、構築することも可能だったと言えるでしょう。『神の発明』の中で私は、「神は死んだ」というのは本当かもしれないけれども、その後の世界で私たちは精霊や聖霊や天使の存在を取り戻していく必要があると書きましたが、グローバル資本主義の先に出現すべきものは、このような超細な思考のフィルターをくぐってあらわれる「繊細の精神」を組み込んだ、オルタナティブな資本主義の形態ではないのでしょうか。至高性の概念によって立つ、バタイユの普遍経済学はたぶんそのことをめざしていたのだと思います。

終章

形而上学革命への道案内

思考のマトリックス

神話的思考からはじまった『カイエ・ソバージュ』の探究をとおして、あらゆる思考を生み出す「マトリックス」というものが、私たちの前に浮上してくることになりました。それは姿形のあるものではなく、ひとつの物質的な機構ですらないのですが、私たちの持つ思考する能力を支えている「見えない大地」のような働きをしているものとして、私たちが生み出そうとしてきた対称性人類学の基礎にすえられたのでした。

そのマトリックスは、認知考古学がホモサピエンスの「心」の基体として見出そうとしている「流動的知性」の働きとまったく同じつくりをしているものですが、同時にフロイトの探究以来精神分析学が「無意識」と名づけて深い研究をおこなってきたものと、多くの点で共通した作動を見せるのです。その作動の特徴を「対称性」としてとらえることができます。そうすると、神話的思考というものを、他の科学的思考などと隔てている最大の特徴である「分類上ちがうものの間に深い共通性のあることを見出す能力」こそ、この対称性にしたがって作動する論理、すなわち対称性論理にほかならないことが、はっきりととらえられるようになりました。

マトリックスという言葉は、古代インド語の mātṛ という言葉から生まれたものだと言われています。この言葉は女性の子宮やその中に包み込まれている胎児のことをあらわすと言われていますが、いずれにしても思考を生み出す大地という考えを表現するのに、最適な言葉ではないでしょうか。思考のマトリックスは、流動する思考の胎児を包み込む子宮であり、そこから生まれた思考はいずれ自分がそういう場所から生まれたということを忘れ去って、無意識の領域にしまい込んでしまうかもしれません。しかし、対称性の論理によって作動するその無意識の思考は、見えない場所からあらゆる思考や感情の動きを支え、見届ける働きを続けています。このマトリックスなしには、人類のもっとも人類らしい特徴をなす「心」は、十分に働き出すことができません。

言語でさえ、その例外ではありません。言葉のもつ合理的・形式的な側面をしめす言語《ラング》は、たしかに対称性無意識とか流動的知性などという概念を引き合いにださなくとも、文法構造が生成されるメカニズムなどを、純粋に論理的な観点からあきらかにしてみせることができます。しかし、そうやって合理的に構成された言語が、いったん人間の「心」をとおして話し出されるやいなや、そこには非論理的な無意識の働きが侵入してくるのを、誰も阻止することはできません。

たぶん、文法構造はその根を、深く無意識の大地に下ろすことによって、はじめて「心」を語る言葉が生まれてくるのでしょう。そして、言葉が「心」の真実に触れる深い地中にまで降りていってみると、そこでは論理的な構造をもつ文法の構造と対称性の（非）論理で作動する無意識とは、見分けがたくひとつに溶け合っているのが見えるようになるでしょう。

世界はすっかり形而上学化された、しかし……

国家を持たない人々の社会では、「心」のマトリックスをかたちづくっている部分の働きが、社会の表面にまで躍り出して、豊かな活動をおこなっていました。そのひとつの表現のかたちが神話や儀礼でした。そういう社会では、現実の生活を導いている非対称性の論理の働きと、「時間と空間がひとつに溶け合う」神話的な対称性論理の働きとが、バイロジック的に結合した作動をおこなっていたために、人はいつでも簡単に、自分の「心」のマトリックスである無意識に入り込んでいくことができたのでした。

ところが、私たちが確認したように（『熊から王へ　カイエ・ソバージュII』）、王の出現とともに国家というものがあらわれるようになると、このような無意識の領域から「力の源泉」としての権威が奪われて、それまで世界の主権者だったはずのものたちが、いっせいに「物言わぬ自然」の領域に没落して、世界の表面から見えなくなってしまう現象がおこりました。そのときいっしょに見えなくなっていってしまったものが、たくさんあったのです。思考が生まれ出る大地である無意識のマトリックスなども、その見えなくなったもののうちの大きな存在でした。

哲学者のハイデッガーは、こういう現象を「形而上学化」と呼びました。思考が自分の根源の場所を見失うようになる、いやそれどころか、むしろ積極的に根源の場所を見失おうとする努力の中から、いま私たちが生きているこういう世界がつくりだされてきました。「巨大な商品の集積」でできた資本主義の社会が生み出され、驚くべき発達をとげてきた、その原動力になったのも、経済の活動を形而上学化する全体運動にほかなりません。国家のもつ権力と知（知識と情報）がひとつに結びついて、人々の暮らしや運命を大きく左右するような世界が出来てきたのも、無意識を「物言わぬ自然」の領域に追いやってしまう、巨大な規模の形而上学化の運動の中からなのでした。

こうして人間のつくる世界は、何段階ものステップをへて、形而上学化されてきたわけですが、ときには「革命的」とさえ言いたいようなその過程を通じても、少しも変化しなかったものがあります。それは現生人類《ホモサピエンス》としての本質です。このような「革命」を経たのちに、大脳のスペックが変化したという話も聞きませんし、ニューロンの劇的な組織替えがおこったなどという痕跡さえ、見出すことはできません。レヴィ＝ストロースが皮肉をこめて語ったように、神話を語っていた頃からコンピュータを操作し遺伝子の操作までおこなっている現代にいたるまで、人類の思考する能力には、なんの変化もおこってはいません。

流動的知性＝対称性無意識は、私たちの「心」の内部で、いまだに変わることのない働きを続けています。あらゆる領域の形而上学化が進行していって、いまやそれが社会生活や個人の心的生活の深いレベルにまで及んでいることが感じられる今日にあっても、ホモサピエンスである私たちの「心」の基体には、いまだに致命的な損傷は加えられていません。

形而上学化の運動によっては損傷を加えることのできない、高次元的なトポロジーとして、無意識が活動しているからです。すっかり変化してしまったのは経済のシステムや社会の構成原理ですが、それによって社会の表面からは隠されていってしまったとはいえ、「心」の基体をなす対称性無意識の作動は、依然として私たちの「心」の見えない場所で活発に続けられているのです。私たちの「心」の中で古代は生きているとも言えるでしょうし、変装した野生の思考が思いもかけない分野で活動しているのを、人々が気づいていないとも言えるでしょう。

それを引き出してくるのが、対称性人類学のつとめです。私たちは後ろ向きの、過去にノスタルジックな視線を送るような学問をめざしているのではありません。すっかり形而上学化された世界の中に、生きた野生の思考を取り戻すとは、流動的知性を本質として対称性の論理で動く無意識の働きに、創造的な表現の形を与えることにほかなりません。そういう創造的な知性の働きとして、対称性人類学は構想されています。威勢のいい言い方をしてみれば、私たちはこういう学問をとおして、一神教が開始した形而上学化の運動を土台にして、資本主義と科学がほとんど完成の域にまで発達させてきた今日の形而上学化された世界に、なにがしか根本的な変化をもたらしたいと願っているのです。

ハイデッガーは語る

このように考えてきますと、哲学者ハイデッガーの語るつぎのような言葉の意味を、私たちは今まで言われてきたのとは別の角度から、照らし出してみることができるようになります。彼は形而上学の本質を植物の比喩を使って、こう語ります。

形而上学は、存在事物を存在事物として問うからして、存在事物に止まり、存在としての存在に向かわない。形而上学は樹木の根として、幹やその枝にすべての樹液と活力を送るのである。

根は土壌の中で分岐し、それによって樹木は生長するために、土壌から発育し、土壌を離れ出ることができる。哲学の樹は形而上学の地盤から生え出るのである。土壌は、樹木の根がそれにおいて生成する（west）原質ではあるが、しかし樹木の生長は、その地盤を自身に取り入れて、或る樹木的なものとして樹木の内にその地盤を決して消滅させることはできない。却って哲学の根がその最も繊細な毛根にまで至り土壌のうちに消失するのである。土地は根にとっての土地である。それの内に根は樹木のために自己を忘れるのである。しかもなお根はそれ自身の仕方で土壌の原質に自らを委ねる場合にも、樹木に従属するのである。根は樹木のために自らの原質と自己自身をも費消するのである。根は根として土壌に向かうのではない。少なくともそれは、土壌の原質に向かって成長しその中に自らを拡げることが、自らの本質であるかのような仕方によってではない。従って多分この土壌の原質も、根がその原質を編み入れることなしには原質ではないであろう（『形而上学とは何か』大江精志朗訳、理想社）。

ここに語られていることは、使われている語彙を少し入れ替えるだけで、ほとんどそっくりそのまま、私たちが「対称性人類学の公理」として語ってきたものに、あてはまってしまいます。哲学的にものを考えるとき、私たちはアリストテレスが日常的な思考運用の中から取り出してきた「非対称性の論理」によって考えることが規則になっていますから、論理的な矛盾をおかさないように、ものごとの順序構造を壊さないようにしながら、慎重に考えていこうとします。それは存在しているものの同一性から出発しますから、「存在事物を存在事物として問う」ことをしているわけです。ハイデッガーの考えでは、そこからすべての「形而上学」が発生してきます。

このような非対称性の思考は、樹木のようなもので、幹や枝を生やしているのですが、樹木ですからとうぜんのことながら、土壌に根を下ろさなければ、生きていることはできません。非対称性の思考が根を下ろしている土壌とは何か、と言えば、それが「対称性の論理」によって作動している無意識にほかならない、と私たちは考えました。無意識という土壌から、合理的な思考を可能にする非対称性論理の樹木は発育し、成長していくのですが、幹を伸ばし、枝を張っていくうちに、いつしか自分を支え育てている土壌のことを忘れてしまいます。そして対称性無意識の働きが自分を支えていることを忘れるために、非対称性の思考は無意識を抑圧しはじめます。そうして、自分の根拠を忘れるのです。

ところが神話的思考の場合には、こういう物忘れはおこっていません。そこでは現実の世界で大いに効果を発揮する非対称性の思考は樹木で、その働きを支えている対称性無意識が土壌である、という「ツリー状」の関係はまったく考えられていません。あえて言えば、『神の発明　カイエ・ソバージュⅣ』でお話ししたことがあるように、非対称性の思考をあらわすトーラス状をしたものと対称性の思考をあらわすクラインの壺状のものとを、直接くっつけたような（バイロジック的）トポロジーとして、ものごとは展開していくのです。国家を持たない人々の、神話的思考の世界は、徹底して民主的につくられていますから、トーラスとクラインの壺の間に、どんな従属関係も考え出されることはなかった様子なのです。その世界にはまだ、形而上学ははじまりようもありませんでした。

神話から哲学へ

したがって私たちは、「神話から哲学へ」という変化の意味を、哲学史のやり方とは別様に考えてみることができるでしょう。哲学史ではふつうそれは、非合理的・魔術的な思考を脱して、人々が合理的なものの考え方に進んでいく、進歩の過程として描かれてきましたが、じっさいにはその過程は、「心」の内部でおこったトポロジーの組み替えとして、理解することができるのではないでしょうか？

ツィムシアン族の鮭をとる仕掛け
（*Handbook of North American Indians 7*, Smithsonian Institution, 1990）

対称性論理と非対称性論理とのバイロジック的結合は、ものごとをいつも高次元的な回路をとおして考えているような思考の状態を、人々の「心」の中につくりだしていました。そのために、現実には魚や動物を狩猟の獲物として殺害しなければならない人々が（そこではあきらかに、人間と動物の間の非対称関係が厳然たる原理として、現実を支配しています）、神話を語るときには、人間を動物として、動物を人間として考える対称性論理に身をゆだねていきます。

そのために、つぎのようなことがおこります。ボアズとハントの報告によると（一九一六年『ツィムシアン神話学』）、北米北西海岸に住む狩人であるツィムシアン族は、またすぐれた漁師として、初夏に川を産卵のために遡行してくる鮭を、特別な仕掛けで捕獲します。そこではあくまでも、人間は鮭の敵である生き物として、鮭を獲物とするのです。ところがこの鮭から油を搾り出す作業に取りかかるやいなや、別の思考法が働きだします。女性たちだけがおこなうこの作業では、いっさいの圧搾のための道具を使用することが禁止され、女性たちはまるで自分らの子供を抱擁するかのように、鮭を自分の裸の胸に強く押しつけることによって、油を搾り出さなければなりません。しかもそのとき女性たちは、両股を大きく開いて地べたにしゃがみこむ姿勢をとったそうです。このときツィムシアン族は、鮭を人間と見なそうとしていますが、そこで働いているのはまぎれもない対称性の思考です。

西欧哲学ではふつう、「鮭は人間である」というような思考は、まったく歓迎されません。それが哲学的論理を動かしているいちばん重要な、矛盾律・同一律を破壊してしまうからです。人間≠鮭から、思考は出発しなければなりません。そのとき抑圧されるものがあります。対称性の論理で動く無意識＝流動的知性の働きが、抑圧されるのです。「鮭は人間である」という命題が生み出しうる可能性の世界を、自分が生育するための土壌と見なし、自分はその土壌の上に伸び上がっていく樹木であると見なすことによって、哲学は神話を生み出していた高次元的なトポロジーを、私たちがじっさい目にすることもできる建築物のような平凡なものに、つくりかえてしまったとも言えるでしょう。
じっさい仏教のような、「野生の思考」を直接的に発達させた思想などをよく調べてみますと、それが樹木‐土壌のような構造をつくりだすこともなく、建築物のように構築されていく体系を生み出すこともなかったことがわかってきます。仏教の思想は、非対称性論理が触れた瞬間に変質してしまう、高次元的なトポロジーのつくりをしている「存在の真理」に、人間の知性が踏み込んでいくための方法を探り出そうとしてきました。そのために、仏教は神話的思考とおなじように、なかなか形而上学の罠にはまるようなヘマをおかすことがなかったのです。

思考は形而上学には満足しない

西欧哲学は形而上学としての本質を持っています。そこでハイデッガーのような思索家は、形而上学からの脱却をめざすことになります。彼はこう語ります。

存在の真理を考える思考は、実際もはや形而上学をもって満足しない。しかしそれはまた形而上学に反対する考えもない。比喩的に言えば、それは哲学の根を抜き去りはしない。それは根のために地を掘り、土を耕すのである。形而上学は哲学の最初のものである。形而上学は思考の最初のものに到達し得ない。形而上学は存在の真理に就いての思考によって克服されるのである。「存在」への根底的な関与を支配し、かつ存在事物そのものへのすべての関係を基準的に規定しようとする形而上学の要求は、薄弱となるであろう。かかる「形而上学の克服」は、しかしながら形而上学を排斥はしない。人間が理性的生物である限り、彼は形而上学的生物である。人間が自らを理性的生物と解する限り、カントの言葉に従えば形而上学は人間の本性に属する。けれどもその反対に、思考が、幸運にも形而上学の根拠に帰りつきうるならば、人間本質の変遷をもとに引き起こすことができるであろうし、そしてその変遷と一緒に形而上学の変遷があらわれてくるであろう（前掲書）。

人間はたしかに理性的生物です。しかし、だからといって必然的に形而上学的生物であると決めつけるのは間違っています。カントが言うように、形而上学はたしかに人間の本性に属しているでしょう。しかし、そういう本性があまりに支配力を拡大しすぎることを押さえてきた、「別の理性」が働いてきたこともまた真実です。この点において、人類は進歩したのではなく、「別の理性」の果たしてきた機能を解除することで、形而上学の本性を全面的に発達させはじめたにすぎないのではないでしょうか？

西欧で哲学が開始されたギリシャでは、すでに神話的思考の抑圧や改造が進行していました。そこでは、たしかに「形而上学は哲学の最初のものである」と言い切ることもできたでしょう。しかし、人類最古の哲学とは神話であると考える、レヴィ＝ストロースや私たちにとって、それは自明なことではありません。仏教の伝統を見れば、哲学的思考に形而上学とは別の可能性が開かれていたことは、まぎれもない事実です。

「けれどもその反対に、思考が、幸運にも形而上学の根拠に帰りつきうるならば、人間本質の変遷をもともに引き起こすことができるであろうし、そしてその変遷と一緒に形而上学の変遷があらわれてくるであろう」。ハイデッガーはこのように語りましたが、私たちは対称性人類学というものを考えることによって、そこで言われているのとは別の道をたどって、形而上学の根本的なくつがえしにたどり着き、それをとおして、人間の本質についての理解を変化させていくことを、考えているのです。

柔らかい原初的抑圧

神話的思考のおこなわれていた社会では、対称性論理で動く「心」の部分と、非対称性論理で作動をおこなう「心」の部分とが、バイロジック的に共同してひとつの統合された活動をおこなっていました。異なる作動をおこなうふたつの論理が、スムーズに接続されていて、人々の「心」は自由にどちらの領域にも出入りができるようになっていました。その社会では、まだ対称性論理の抑圧がおこっていません。それはまだ「無意識」になっていないのです。

そういう社会におこなわれている宗教的思考が、精霊《スピリット》を中心にしたものであることは、『神の発明』の中で詳しく見てきたとおりです。そこでは人々は、さまざまな瞑想やトランスの技術を用いたり、幻覚性植物の力を借りるなどして、流動的知性の運動みなぎる対称性知性の領域に入り込んでいくこ

精霊的社会	多神教的社会
流動的知性 ⇔ 非対称性論理 （バイロジック）	シニフィアンの世界 （トーラス構造） ──↑-原初的抑圧-↓── （クラインの壺構造） 対称性無意識

とによって、「心」の内部に広がる「銀河宇宙（高次元の無限空間）」を飛行して、精霊たちの息吹に触れようとしていました。

この対称性知性の領域が「無意識」として抑圧されるとき、そこにははっきりとした「多神教」の特徴を持つ宗教的思考が生まれるようになります。流動的知性はこの「原初的抑圧」をとおして、「無意識」の領域に納められていくようになります。しかし、多神教の社会では、まだ原初的抑圧の「壁」は薄い膜状の構造をしているために、それをとおして対称性の論理で作動している「無意識」の領域と、非対称性の論理で動く現実の世界との間には、たくさんの空孔がありました。

対称性無意識は、トポロジーで表現すると、クラインの壺の構造をしています。これにたいして、非対称性論理が働いている「心」の領域では、どんなシニフィアンでも埋めることのできない空虚が発生してしまいますので、全体としてそれをトポロジーであらわしてみますと、真ん中に穴の開いたトーラス（ドーナツ）の構造をしていることになります。

多神教の社会では、原初的抑圧にうがたれている小さな壁穴をとおして、クラインの壺とトーラスの構造をした、ふたつの違うタイプの「心」の作動がひとつにつながっている現象を、容易に見つけだすことができます。日本の南西諸島の例で言えば、洞窟のイメージを介して、ふたつの構造がなめらかに接続しあい、そこから「滞在神（これはトーラス型の神の観念をあらわしています）」と「来訪神（こちらはクラインの壺型の神の観念をあらわしています）」という、ふたつの異なる神観念が生み出されていました。

たしかに、原初的抑圧が発生することによって、人間の思考は形而上学化への道をたどりはじめてはいましたが、多神教世界ではまだ形而上学的思考の「根」は、自分を支え育てている対称性無意識という「土壌」の存在を忘れてはいなかったのです。そこから、原初的抑圧の壁を自由に行き来できる精霊や天使のような存在についての、生き生きとしたイメージが保たれていました。

多神教の社会では、原初的抑圧が流動的知性を「無意識」につくりかえていく形而上学化への道の一歩が、すでに踏み出されていたとは言え、その抑圧の壁はまだ十分に薄く柔らかにつくられていたので、原初的抑圧の壁をとおして、ふたつの違うタイプの「心」の作動は、媒介的なバイロジック結合を維持していることができたわけです。そのために、多神教社会には、精霊による宗教的思考の要素が、たくさん保存されたままでいることができたのです。このあたりに、日本人の宗教的思考の本質に触れている、重要な問題が潜んでいそうに感じられます。

一神教による形而上学化の革命

多神教的なものの考え方では、精霊の活動する対称性無意識の領域に変形を加えることになる原初的抑圧というものに、とりたてて特権的な意味はあたえられていなかったように思われます。むしろ、それはひとつの「機能」として理解されていたようなふしが、見受けられます。それをきっかけにして、二つの違うタイプの神の観念が形成されるようになったのですが、それを生み出した原初的抑圧そのものを神聖化して、そこにひとつの、いや唯一の神の観念を置こうとするような動きは、長いこと多神教の社会には発生しませんでした。

ところが、それをひとつの「革命」として遂行した人々が出現したのです。それがどんなふうにしておこったのかは、『神の発明』で詳しくお話ししたことですから、繰り返しません。重要なことだけ取り出してみることにします。モーゼのまえに出現した神は、その時代の常識にとってはまさに横紙破りの語りかけを、モーゼに向かってしています。自分はいっさいの感覚から超越した存在で、「ありてあるもの」としていっさいの存在事物に先行している存在そのものであること、自分にあるのは名前だけで、ほかの多神教の神々のように目で見ることのできる像などを、絶対につくってはいけないこと、そういうものとして、自分はユダヤ民族に「律法」を与えるのだということなどを語ったのです。

多神教の世界では、流動的知性＝対称性無意識の働きそのものを、神話や図像として表現しようと試みていました。動物と人間とのハイブリッドを描くことが好まれましたが、これはたしかに異なる領域間を横断していく流動的知性の動きの表現としては、とても的確なものであったと思われます。モーゼの前に出現した「ヤーヴェ」という名前だけを持つその神は、このような無意識の作動の図像化を禁じます。そして、自分については名前だけを教えます。
　このときモーゼの神がおこなったのは、対称性無意識を言葉の論理によって抑圧する「原初的抑圧」を、神聖な輝きで包み込むことでした。ものに名前を与える行為は、あらゆる意味表現（シニフィアン）の発端にほかなりません。この神は、自分には「ヤーヴェ」という名前だけがあって、ほかのいっさいの感覚的要素はない、と断言することによって、自分はあらゆるシニフィアンがそこから生まれ出てくることになる「純粋シニフィアン」であると語っているわけです。
「純粋シニフィアン」としての神は、対称性無意識を抑圧するばかりではなく、多神教世界では多孔質の壁のように作用していた「原初的抑圧」そのものまでも抑圧し、人々がそのことを二度と思い出さないように、隠蔽してしまおうという意図をもっていたことがわかります。おまけにこの神は、人の世界には律法をもたらし、宇宙全体を一挙に無から創造する神でもありました。あらゆる種類の秩序の源泉でもあったわけで、その神の輝きの前には、人間の「心」の基体である無意識などは、論理も秩序ももたない「カオス」の中に陥没していってしまいます。

純粋シニフィアン
としての神

＝＝＝＝＝＝（抑圧）＝＝＝＝＝＝

――――（原初的抑圧）――――

対称性無意識

　こうして一神教の成立によって、原初的抑圧の神聖化が図られると同時に、原初的抑圧が多神教世界でもっていた両義的な働きそのものの抑圧がおこなわれます。

この過程は宗教的情熱とエネルギーをもって、徹底的に遂行されましたから、多神教世界の中ではまだ萌芽のような状態にすぎなかった「形而上学化」に、強力なドライブが働くことになったことは言うまでもありません。まさにこれは「革命」と呼ぶにふさわしい激しさをもっていました。はじめそれはユダヤ民族の比較的小さなサークルでしか意味をもたない「革命」でしたが、しだいにその影響力は拡大して、いまや地球上の人類全体の思考を「形而上学化」して、ついには今日のような科学と経済のグローバルな秩序をつくりだすに至ったわけです。

両義性の王は否定される

宗教的思考の領域におこったことと、まったく「同型」のプロセスが、国家とその権力の領域でもおこっています。『熊から王へ』において詳しく描き出しておいたように、国家のない社会では、力の源泉は自然の奥底にあるものと考えられ、森の動物の王者である熊のような存在が、そのような「真実の力」を体現していると思考されていました。

人間の社会には首長という存在がいましたが、この首長にはおよそ権力などというものは与えられておらず、むしろ社会的規則や道徳律のお世話をしながら、もめ事を調停し、人々の暮らしに平和をもたらすような働きをおこなっていました。つまり、人間の社会には権力の源泉がなかったわけです。権力の源泉は、社会の外にしか考えられないものでした。

「王」という存在の出現が、そういう状態に決定的な変化をもたらします。王はかつての首長と同じように、社会的秩序を創出し、維持する働きをおこないますが、それを首長が持つことのなかった権力を背景としておこなうのです。その権力を王はどこから手に入れることができたのでしょうか？　もともとそれは自然の奥底に潜んでいるものでした。そこにある力の源泉に手を触れることができるのは、かつてはシャーマンや戦士だけだったのですが、王は一人のシャーマンとして、また戦士として力の源泉に触れ、それを携えて人間の世界に立ち戻り、社会の内部に力の源泉を組み込むことに成功した、と主張した人物だったわけです。

じっさいにはそこでは、自然の領域のものであった力の源泉にたいする「原初的抑圧」がおこっているのです。最初の王たちをめぐる神話を見てみますと、どの王もどことなくいかがわしい「トリックスター」の特徴をもっていたように描かれています。嘘つきで狡猾で、その性質を利用して、自然の領域から上手に力の秘密を盗み出したり、だまし取ったりした者だけが、人間の世界の内部にありながら力の源泉に触れている者であるという、ずうずうしい主張をすることができたのだとも言えるでしょう。

この原初的な抑圧をつうじて、かつて神秘を懐に包み込んでいた自然は、力の源泉としての権威を失っていくことになりますが、それでも近代がはじまるまでの長い期間、自然の内包する神秘性にたいする感受性は、人の心からは消え失せることがありませんでした。そのために、王権そのものが一種の「両義性」を帯びることになりました。山口昌男の王権研究があきらかにしてきたように、国家権力そのものを発生させるこの原初的抑圧の体現者としての王をめぐって、多くの神話や儀礼や伝説をつうじて語られてきた観念の中には、あきらかに両義性の王としての特質が、いつまでも残存し続けたのでした。

ところがヨーロッパに「近代Modern」の萌芽があらわれはじめた頃、いちばんの標的となったのが、権力の集中点であり体現者であった王の持つこの両義性だったのです。近代は一神教が開始した「形而上学革命」の継承者として、科学的合理性を武器として、こんどは「権力概念」の徹底的な形而上学化を推し進めようとします。ここでも、一神教のおこなった形而上学化とまったく「同型」の手続きがとられています。国家権力そのものを可能にしてくれたのは、トリックスター的なところのある両義性の王のおこなった、力の源泉に加えられた原初的抑圧だったのですが、近代はそのこと自体を否定して、人々の記憶から消し去ってしまおうと試みたのです。

王権にひめられた両義性やトリックスター性そのものが、否定されたり直接的な破壊の対象になったりしました。その結果、国家権力を成り立たせた原初的抑圧の機能そのものがさらに抑圧を受けて、社会の表面からは見えなくなるのです。そして、王権の中からは法律的・秩序維持的な側面だけが生き残ることになります。そうなると、王が現実の人間であることさえ、この権力の形而上学化の運動にとっては、不必要なもの、存在するだけで迷惑なものとなっていくことになります。

国家の見る悪夢

歴史学者のカントロヴィッチは、この過程で「二つの身体を持つ王」という奇妙な観念が、ヨーロッパの法律家たちの思考に発生することになったいきさつを、興味深く描いていますが（『王の二つの身体』）、力の観念を徹底的に形而上学化するためには、たしかに権力を体現しているのが、病気をしたり恋をしたり芸術にとち狂ったり、果ては死んでしまったりする生身の王であっては困るわけで、そのような「死すべき自然的な王」のかわりに、たとえ具体的な肉体を持った王が死んでもいっこうに変化することのない、「不死の社会的な王」という概念をつくりだす必要があったわけです。

国民国家
↑
法人としての王（立憲君主）
↑
二つの身体を持つ王
＝＝＝＝＝＝＝＝＝＝＝＝＝＝＝＝＝抑圧・隠蔽
―――「両義性の王」による原初的抑圧―――
（国家権力の発生）

真実の力の源泉（自然）

　こうしてついには、王の権力は「法人」である、という決定的な解釈が登場するに至ります。そうなれば、ほんとうはもう王などは必要なくなってしまうので、「主権者は国民である」という国民国家の考え方が生まれてくるのも、時間の問題でしょう。かつては熊のような偉大な自然の王の持ち物であった「力の源泉」は、王の手に渡って国家の権力に姿を変え、ついには国民の所有に帰したのです。

　このプロセスが、一神教の成立の際におこったこととの、完全な「同型」になっていることをおわかりいただけたでしょうか。国民国家の成立について、多くの人たちはそれをごく当たり前のことのように思い込んでいますが、じっさいには原初的抑圧にはじまる「力の形而上学化」の全体運動の、おそらくは最終形態として出現することになったものとして、国家の記憶の最深部にはいまだに「原初的抑圧」の場面の記憶が、形を変えて保存されているはずです。

フロイトはそういう抑圧がおこっている場合には、人はかならず悪夢を見ることになる、と語っていますが、国民国家もその例外ではなく、たえず独裁者の出現や全体主義国家のような、かつての原初的抑圧の場面を再現する存在が立ち戻ってくることを、異様に恐れています。民主主義による国民国家は、けっして人類の「自然史」から生み出されたものではなく、「力」をめぐる形而上学化の運動の果てに出現した、権力形態のひとつにほかなりません。それはハイデッガーの言う「形而上学の変遷」にしたがって、別の形態に変容しうるものなのです。

悪夢を見なくなったとき、人間の「心」はほんとうに解放された、と言いうるのでしょう。形而上学化された世界は、私たちに悪夢を見させ続けるのです。このようなとき仏教は、原初的抑圧の機構そのものを解除するための方法を探るようにと、教えています。「熊から王へ」と主権の所在が移っていったときにはじまった原初的抑圧と、それをさらに幾重にも複雑に抑圧して、いまや悪夢の源泉さえ見定めがたくなってしまった私たちの世界が、権力のもたらす悪夢からほんとうに目覚めるときがくるとしたら、そのときには「自然＝神」の象徴であるあの熊が、形を変えて、未来の世界に戻ってくることになるでしょう。

「同型」の探求をさらに進める

形而上学化の徴を示す「同型」の探求をさらに進めましょう。興味深いことには、資本主義という経済システムをなりたたせている機構もまた、一神教や国家のなりたちと「同型」を示すのです。

バタイユがあきらかにしたように、「限定経済」としての特徴を持つ資本主義が支配的になってくる以前、人間たちがおこなっていた「普遍経済」の世界では、蓄積のために生産するとか、さらなる生産のために生産をおこなうなどといった考えは、みんなから白い目で見られて、社会で大手を振って歩くことはできませんでした。そのかわりに人々は、消費やそれの極限的な形である消尽をおこなうために、生産や蓄積をおこなっていました。

交換の場面でも事情は同じで、破壊や消費のさきにある理想概念である「純粋贈与」に支えられた贈与が、社会全体を動かす原理となっていました。純粋贈与はいわば「無」に支えられている贈与とも言えるものですから、贈与社会は「無」によって動かされていた社会、と言うことができるかもしれません。

ところがそういう贈与を否定する原理である交換は、「無」ではなく「有」に支えられています。交換の過程では、価値が不安定に動揺したり、消滅してしまうことがないように考慮された、安定した価値が受け渡されます。いずれそこから「貨幣」という存在が生まれてくることになるでしょう。貨幣はいったん「有」の中にくり込まれた価値を、めったなことでは消滅させないために考案されたメディアです。ですから、贈与の原理から交換の原理への移行（この過程を、私たちは第八章で、無限小を含む超実数からそういう「無」にからむ要素を排除した実数への移行として、描いてみました）にさいして、なんらかの「抑圧」が働いていることが予想されるのです。

商品経済は、そういう交換の原理に全面的にもとづいているシステムですから、とうぜんのことながら、複雑な「抑圧」の機構としてつくられているはずです。贈与や消尽の原理によって動いていた普遍経済的社会が、蓄積と拡大生産への欲望によって突き動かされる資本主義的な限定経済の社会につくりかえられていく過程で、いったいどのようなことがおこったのかを、あきらかにしてみる必要があります。マルクスの『資本論』を普遍経済学的に読み直してみる必要があるのです。

対称性社会を破壊した「本源的蓄積」

資本主義が本格的に稼働しだすことができるためには、土地や資本や労働力を自由に扱って生産をおこなうための条件が整っていなければなりません。資本主義が自分流のやり方で蓄積を開始する以前に、それに先駆けて別の種類の「蓄積」がおこなわれている必要があるわけです。マルクスはこれを「本源的蓄積」と呼んで、例によってつぎのような面白い文章を書いています。

> この本源的蓄積が経済学で演ずる役割は、原罪が神学で演ずる役割とだいたい同じようなものである。アダムがりんごをかじって、そこで人類の上に罪が落ちた。この罪の起源は、それが過去の物語として語られることによって、説明される。ずっと昔のあるときに、一方には勤勉で賢

くてわけても倹約なえり抜きの人があり、他方にはなまけもので、あらゆる持ち物を、またそれ以上を使い果たしてしまうくずどもがあった。とにかく、神学上の原罪の伝説は、われわれに、どうして人間が額に汗して食うように定められたかを語ってくれるのであるが、経済学上の原罪の物語は、どうして少しもそんなことをする必要のない人々がいるのかをあきらかにしてくれるのである。それはとにかくとして、前の話にもどれば、一方の人々は富を蓄積し、あとのほうの人々は結局自分自身の皮のほかにはなにも売れるものをもっていないということになったのである。そして、このような原罪が犯されてからは、どんなに労働してもあいかわらず自分自身よりほかにはなにも売れるものをもっていない大衆の貧窮と、わずかばかりの人々の富とが始まったのであって、これらの人々はずっと前から労働しなくなっているのに、その富は引き続き増大していくのである（『資本論』「第二四章　いわゆる本源的蓄積」大月書店）。

マルクスはこれを「子供用読本のようなお話」として語っているのですが、そこに書かれていることは、贈与論や普遍経済学などを探求してきた私たちには、また別の深い意味をもっているように思われます。

この話に登場してくる「なまけもので、あらゆる持ち物を、またそれ以上を使い果たしてしまうくずども」というのは、かつて贈与経済によって社会全体が動いていた古代的な社会において、「気前のよい人」として最大級の賛辞を与えられていた人たちのことではないのでしょうか。この人たちはもちろん「なまけもの」などではなく、自分で働いてたくさんの富を蓄積しましたが、それもただ贈与のお祭りの場で、ほかの人々に大盤振る舞いして消尽してしまうためにのみ、蓄積したのです。そうでなくとも、たいていの人間が、そういう社会では「無」に方向づけられた純粋贈与の概念を、心のうちに大切に守っていて、のびやかな贈与の精神をもって、社会とつき合っていこうとしていました。私たちの言い方をすれば、対称性の論理にもとづく社会関係を重視していたのです。

そういう社会では「勤勉で賢くてわけても倹約なえり抜き」といったタイプの人々には、むしろ警戒心を抱いていました。その人たちは自分が獲得した富を、自分のために蓄積し、自分のためにだけ消費しようとする傾向があったからです。神話には、こういう人々を貪欲な動物に喩えて、軽蔑する話がたくさん語られています。対称性の社会の倫理は必死にこの「勤勉で賢くてわけても倹約なえり抜き」たちの出現を抑えようとしてきましたが、資本主義の本格的な稼働が準備された一二〜一三世紀の西欧社会では、あらゆる抵抗をはねのけて、蓄積のための生産や交易をめざす「勤勉な」人々の活動が浮上してくるのを、もう誰も抑えられなくなっていたのでした。

本源的蓄積はじっさいには暴力的な手段をとおして実行されています。贈与経済のもたらす暖かい共同社会に生きてきた人々は、「気前のよい人」どころか「なまけもののくず」呼ばわりされ、自分たちの住んでいた土地から追い立てられて、「自分自身の皮」のほかには何も持たない、自分たちの労働力を商品として売ることのほかに道のない貧しい人々として、都市に大量に流れ込むことになりました。本源的蓄積の過程で、対称性の社会は破壊されてしまいました。

原初的抑圧としての「本源的蓄積」

マルクスはこの本源的蓄積を、キリスト教神学の語る原罪に喩えています。アダムはりんごを食べて知性を獲得したと言われています。この原罪の物語を、対称性人類学はつぎのように寓話的に解釈します。

アダムは最初のホモサピエンスとして、そのニューロン組織に革命的な変化を実現した大脳を持って、この世界に出現を果たしました。そのとき発生した流動的知性がアダムの「心」の基体をつくっていたのです。その「心」は対称性の論理で作動する高次元的な認識をおこなっていました。しかしそれを嫉妬した蛇にそそのかされて、アダムは言語にそなわった非対称性論理を、自分の「心」にセットします。するとたんに彼の知性はめざめることになったのですが、高次元的な存在である神とのコミュニケーションは、それによって永久に閉ざされてしまった、とまあ、そんな話です。あきらかにこれは、原初的抑圧についての寓話です。

この原罪の物語と本源的蓄積とに、マルクスは「同型」を見出しています。そのときマルクスは本源的蓄積のうちに、資本主義をなりたたせたある種の「原初的抑圧」の一形態を見ていたのだと思います。そのとき抑圧されたのは、対称性の論理によって突き動かされる贈与の原理と、それを支えていた純粋贈与という経済生活の「理想《イデアル》」です。それを抑圧した原理は、「無」を除去することで合理的なシステムの運用を実現しようとする非対称性の論理にほかなりません。そして、そこで抑圧され

資本主義的生産様式

↑

＝＝＝＝＝＝＝＝＝＝＝＝抑圧・忘却

―――本源的蓄積―――

（原初的抑圧）

対称性社会

た原理にたいしては、実態を無視した軽蔑が投げつけられ、時代遅れとして、スマートな人たちの思考からは完全に消え去っていくことになります。

しかし、本源的蓄積が実現されていく舞台裏では、じつに血なまぐさい暴力的な行為がおこなわれたことを、私たちは忘れてはなりません。とくにそれは植民地戦争と植民地政策の現場では、むき出しのかたちをとって、対称性社会の人々に襲いかかったのです。近代日本人も、それに手を染めてしまいました。私たちの経済システムは、だから原罪を犯すことによって、はじめて自分を実現できたと言えるでしょう。そして、その原罪はいまも続けられています。原罪を犯すシーンは過去一回かぎりのものではなく、たえず反復されていなければ、システムは持続できないようにできているからです。

教会に行くと神父さんや牧師さんがみんなに、人間はみな原罪を犯しているのだから、それを悔い改めなさい、と教えています。でも、教会にいるあいだは神妙な気持ちになっていた連中も、外へ出たとたん、そんなことはすっかり忘れて、また旺盛な経済活動に乗り出していきます。原罪の事実を、記憶から消去することによって、日常生活は動いていけるのですから。原罪とは形而上学化の別名です。原罪を忘れることで、私たちの社会は形而上学的思考を回転させていけるのです。

マルクスは資本主義についても同じことがおこっている、と考えました。資本主義は自分が本源的蓄積という原初的抑圧によってなりたっているシステムであることを、忘れようとしているというのです。つまり、原初的抑圧のシーンそのものを、もう一度「抑圧」してしまうことで、資本主義は希望にみちた昼の生活を続けることができているわけです。じっさいその社会を動かしている労働者という存在は、本源的蓄積のプロセスで「労働力のほかにはなにも持たない人々」につくりかえられた人間たちにほかなりません。その人々に、本源的蓄積=原初的抑圧の記憶がなまなましくよみがえってくるのは、資本主義システムの運行上このましいことではありません。そのためにも資本主義は、本源的蓄積の記憶を抑圧する必要があります。

まったくここでも「同型」のプロセスがおこっていることに、驚かざるをえないではありませんか。

そこで『資本論』はこう考えます――資本主義はこんな具合に原初的抑圧のシーンをさらに抑圧したシステムとして動いているので、人間の「心」と同じように悪夢を見ることになるのである。抑圧したものが回帰してくるときに、人は悪夢を見る。それと同じように、この合理主義の権化のような経済システムに、抑圧されたものが回帰してくるとき、周期的な「恐慌」が発生するのである、と。

形而上学化はすべて「同型」にしたがう

宗教の領域の形而上学化を完成したのは、キリスト教による一神教です。権力をめぐる人類の思考を形而上学化したところに、国家が生まれてきました。そして、贈与経済で動いていた社会において、富をめぐる思考を形而上学化して、その中から資本主義を出現させたのも、ホモサピエンスの「心」のうちにある、同じ型の思考の働きでした。ここに科学をつけ加えても、なんの問題もおきません。これらはすべて「同型」のプロセスにしたがっています。

「一神教」と「国民国家」と「資本主義」と「科学」――これらがひとつに有機的に結合できる条件をそなえていたのは、地球上に近代の西ヨーロッパをおいてほかにはありませんでした。西ヨーロッパ世界は、社会生活のすべての領域で、数百年をかけて「形而上学革命」をとことんまでなしとげていたので、こういうことが可能になったのです。

しかも「一神教」「国民国家」「資本主義」「科学」は、いずれも形而上学の形態として、「同型」をしめしています。超越性をめぐる人類の思考に形而上学化をほどこせば、そこからキリスト教型の一神教が発生します。権力についても、経済的価値についても、まったく「同型」の作用を加えれば、そこから国民国家や資本主義が生まれてこられるようになっています。そればかりか、「具体性の科学」とレヴィ＝ストロースに呼ばれた野生の思考を形而上学化すれば、そこから錬金術を通過して、近代科学の思考が生まれ出てくるでしょう。

「同型」による支配が全面化されていくこと――これがグローバリズムの正体なのだと思います。どうして世界はグローバル化していくのか？　それはホモサピエンスの「心」に、形而上学化へ向かおうとする因子が、もともとセットしてあるからです。その因子がはらんでいる危険性を昔の人間はよく知っていたので、それが全面的に発動しだすのを、対称性の原理を社会の広範囲で作動させることによって、長いこと防いできました。それを最初に突破したのが、一神教の成立だったのです。その意味では、モーゼとヤーヴェの出会いほど、人類の命運に重大な帰結をもたらしたものもないでしょう。宗教をゆめあなどってはいけません。

新しい形而上学革命への道しるべ

二年半におよんだ『カイエ・ソバージュ』の探求も、ようやく終わりに近づいてきました。9・11の衝撃を受けて、はじめて「対称性」の概念が、私の思考の中で大きな意味を持ち始めました。そして、『人類最古の哲学　カイエ・ソバージュI』にはじまる一連の講義の方向づけを、決定したのでした。

対称性という概念は、はじめの頃はまだ萌芽のような状態にありましたが、講義が進むに連れて、しだいに明確なかたちをとるようになってきました。神話的思考の働きのうちに見出されたこの対称性という概念を、権力の発生の問題（『熊から王へ』）、贈与経済の可能性（『愛と経済のロゴス』）、多神教と一神教の問題（『神の発明』）などの領域に適用していくうちに、この概念が思いもかけないほどの潜在力をひめていることに、私自身が驚いてしまうほどでした。

この一連の講義をはじめたばかりの頃、私はある文章の中で、こう書いたことがあります。「しかし人間が非対称の非を悟り、人間と動物との間に対称性を回復していく努力をおこなうときにだけ、世界にはふたたび交通と流動が取り戻されるだろう。このように語る知性ははたして無力なのだろうか。それとも、それを現代に鍛え上げていくことの中から、世界を覆う圧倒的な非対称を内側から解体していく知恵が生まれるのだろうか」(『緑の資本論』)。神話的思考の中に生きているような対称性の思考を、現代に鍛え上げることで、新しい思考の形態を創造すること——今学期の講義で、私は全力を尽くして、その課題に取り組んできました。

ここにいたって、私は確信をもってこう語ることができます。神話的思考に見出された対称性の論理は、じつは無意識のおこなう作動から生み出されたものであり、その無意識はホモサピエンスの「心」の基体をなすものとして、どのような抑圧や情報化の操作や非対称性論理による組み換えが加え続けられようとも、人類の「心」の中で不変の作動を続けています。そのため、この無意識のおこなう対称性＝高次元性＝流動性＝無限性をひめた潜在能力は、たしかに形而上学化された世界の中で自由な活動を奪われているように見えるけれども、それがひめもつ潜在的な能力を豊かに発達させていく可能性は、少しも損傷を受けていないのです。

しかも仏教の例をみてもわかるように、対称性無意識の働きを抑圧したり、形而上学化することなしに、その能力を全面的に発達させていくことのできる文明を構想することは、けっしてユートピア的な夢想なのではありません。ホモサピエンスとしての私たちの「心」の基体は、すべてのものを商品化していく資本主義によっても、無意識の大規模な抑圧の上に建築されたキリスト教的一神教によっても、満足を得ることがありません。「心」の基体である対称性無意識は、形而上学化された世界をつくりあげているあらゆる組織体を動揺させながら、いつしかそれを別のものに変容させてしまおうと、いまも活動を続けているのです。

対称性無意識とは、私たちの「心」の働きを生み出している「自然」にほかなりません。形而上学化された世界をもう一度、対称性無意識の働きによって「自然化」する必要があるのです。「自然」を抑圧した一神教の神をふたたび「自然」に接合していくとき、新しい「神即自然」というスピノザ的な概念が、生き生きとよみがえってくるでしょう。そのとき、人間は自分たちに最初の飛躍をもたらしたのと同じ流動的知性の力によって、未知の形而上学革命を実現していくことでしょう。対称性人類学は、そのような形而上学革命の出産を助ける者でありたいと願うのです。

*　　*　　*

これで『カイエ・ソバージュ』の講義はすべておしまいです。長い間熱心に講義を聞いてくださったみなさんに、心から感謝申しあげます。しかし、ここまで語ってきて、私にはようやく自分が出発地点に立つことができたという実感しかありません。対称性人類学を創造する仕事は、まだ端緒についたばかりです。ですから……また会いましょう。今度お会いするときには、さらにたくましく成長した対称性人類学の姿を、みなさんにお見せできると思います。

（二〇〇三年四月二四日〜七月三日、於中央大学
二〇〇三年九月二二日〜一二月一五日、於中央大学大学院
二〇〇三年一一月一日、於森美術館）

謝辞

『カイエ・ソバージュ』がつくりあげられていく過程では、いままでになくたくさんの方たちの友情にみちた協力に助けられてきた。旧石器考古学への関心が私の中でにわかに高まってきたのは、港千尋さんと新しい考古学・人類学の雑誌をつくろうと計画していた最中に、二人で交わしたたくさんの会話がきっかけとなっている。このとき計画していた雑誌はとうとう実現しなかったけれども、その間に知り合いになったり旧交をよみがえらせたりした人たちから私は多くの刺激を受けて、縄文考古学の世界に深々と入り込んでいくことができたのである。なかでも私が「縄文ドンキホーテたち」と呼んで尊敬している田中基さんと小林公明さんから受けた影響はそうとうに甚大で、この人たちがいなかったら考古学はまだ私の内部で「実感の学問」とはならなかったのではないか、と思えるぐらいなのである。ブリュノ・ラトゥールとの出会いも、「対称性人類学」という名前とともに、この仕事には大きな意味を持っている。ラトゥールの思想を私にはじめて紹介してくれたのも、そのあとじっさいに本人との対話を実現してくれたのも、すべて矢田部和彦さんのおかげである。ブルデューのすぐれた弟子である矢田部さんといっしょに旅行をしながら話し合った事柄の多くが、あとになって実のある思想に熟成してきたのだった。精神科医マッテ・ブランコの研究を、私は師玉真理さんの博士論文によってはじめて知ることができた。論文の審査委員を頼まれたおかげで、それまでどうしても見つけられないでいた思考のミッシング・リンクを発見できたのである。こんな幸運を私に贈与してくれたのはほかならぬ上村忠男さんである。「聖杯伝説」をめぐる西欧中世の伝承群は、神話的思考と普遍経済学とを結ぶ重要な位置にある。刺激的な会話をつうじてこうした伝承についての多くの知識を私に伝えてくれたのは川上純子さんであり、渡辺浩司さんからはこの領域での新しい研究動向について多くのことを教えていただいた。みなさんほんとうにありがとうございました。この仕事をつうじて私は学問の世界にまだ贈与の精神が生き残っているという事実を、深い感謝とともに確認することができた。

長年にわたって私の講義を聴講し、正確な記録をとり続けてくれた馬淵千夏さんの努力がなければ、おそらく『カイエ・ソバージュ』そのものが実現しなかっただろうと思う。録音テープを起こし、原稿を整理する作業をはじめ、たくさんの仕事を彼女はほとんど独力で果たしてくれた。このシリーズそのものの立案者である園部雅一さんは、最後までたいへんな努力を重ねて、とうとう予告通りの期日に全巻の刊行を実現させてしまった。この二人が、この仕事における私の伴走者だったのである。ほんとうにごくろうさま。おたがいの信頼関係が、このような大きな仕事を完成に導くことができたのである。

最後に講談社選書メチエ編集部にお礼を申し上げます。林辺光慶編集長、園部雅一さん、井上威朗さんたちの理解あるゆったりとしたふるまいが、精神のためにとてもよい環境をつくってくれたからこそ、私はいつも気持ちよく仕事を続けることができたのだった。選書メチエそのものの末永い発展を祈らずにはいられない。（2003/12/31）

ナ

ハ

タ

サ

索引

ア

カ

対《たい》称《しょう》性《せい》人《じん》類《るい》学《がく》　カイエ・ソバージュV

二〇〇四年二月一〇日第一刷発行　二〇〇五年二月一五日第八刷発行

著者　中《なか》沢《ざわ》新《しん》一《いち》

発行者　野間佐和子
発行所　株式会社講談社
東京都文京区音羽二丁目一二—二一　郵便番号一一二—八〇〇一
電話（編集部）〇三—三九四五—四九六三　（販売部）〇三—五三九五—五八一七
（業務部）〇三—五三九五—三六一五
装幀者　山岸義明
印刷所　慶昌堂印刷株式会社　製本所　大口製本印刷株式会社
定価はカバーに表示してあります。
落丁本・乱丁本は購入書店名を明記のうえ、小社書籍業務部あてにお送りください。送料小社負担にてお取り替えいたします。なお、この本についてのお問い合わせは、学芸局選書出版部あてにお願いいたします。

ISBN4-06-258291-0　Printed in Japan
N.D.C.163　302p　19cm

講談社選書メチエ　刊行の辞

書物からまったく離れて生きるのはむずかしいことです。百年ばかり昔、アンドレ・ジッドは自分にむかって「すべての書物を捨てるべし」と命じながら、パリからアフリカへ旅立ちました。旅の荷は軽くなかったようです。ひそかに書物をたずさえていたからでした。ジッドのように意地を張らず、書物とともに世界を旅して、いらなくなったら捨てていけばいいのではないでしょうか。

現代は、星の数ほどにも本の書き手が見あたります。読み手と書き手がこれほど近づきあっている時代はありません。きのうの読者が、一夜あければ著者となって、あらたな読者にめぐりあう。その読者のなかから、またあらたな著者が生まれるのです。この循環の過程で読書の質も変わっていきます。人は書き手になることで熟練の読み手になるものです。

選書メチエはこのような時代にふさわしい書物の刊行をめざしています。

フランス語でメチエは、経験によって身につく技術のことをいいます。道具を駆使しておこなう仕事のことでもあります。また、生活と直接に結びついた専門的な技能を指すこともあります。

いま地球の環境はますます複雑な変化を見せ、予測困難な状況が刻々あらわれています。

そのなかで、読者それぞれの「メチエ」を活かす一助として、本選書が役立つことを願っています。

一九九四年二月　　　野間佐和子